# Creta
## Guida di viaggio 2024

Spiagge, montagne e villaggi nascosti

Adam O. Frady

Diritto d'autore© **Adam O. Frady**, 2024.

Tutti i diritti riservati. Nessuna parte di questa pubblicazione può essere riprodotta, distribuita o trasmessa in qualsiasi forma o con qualsiasi mezzo, comprese fotocopie, registrazioni o altri metodi elettronici o meccanici, senza il previo consenso scritto dell'editore, tranne nel caso di brevi citazioni incorporate nelle recensioni critiche e in alcuni altri usi non commerciali consentiti dalla legge sul copyright.

# CONTENUTI

## Il mio viaggio a Creta

## Conoscere Creta
*Storia di Creta*

*Geografia e clima*

*Cultura e Tradizioni*

*Cucina cretese*

## Pianificazione del tuo viaggio
*Periodo migliore per visitare*

*Budget del tuo viaggio*

*Cosa mettere in valigia*

*Suggerimenti sulla lingua*

*Guida ai trasporti*

## Le migliori destinazioni
*Heraklion*

*La Canea*

*Rethymno*

*Agios Nikolaos*

*Elounda*

**Siti storici e archeologici**
*Palazzo di Cnosso*
*Festo*
*Antichi Atteri*
*Monastero di Arkadi*
*Sito archeologico di Gortina*

**Attrazioni naturali**
*Gole di Samaria*
*Laguna di Balos e Gramvousa*
*Spiaggia di Elafonissi*
*L'altopiano di Lasithi*
*Monte Ida e Grotta dell'Ideon*

**Attività ed esperienze**
*Escursioni e avventure all'aria aperta*
*Spiagge e sport acquatici*
*Mercati locali e shopping*
*Degustazioni di vini e tour culinari*
*Vita notturna e intrattenimento*

## Itinerari di viaggio
*Itinerario di 7 giorni*
*Fughe romantiche*
*Attività per famiglie*

## Alloggi
*Hotel e Resort*
*Bed and Breakfast.*
*Case vacanze*
*Opzioni di campeggio*

## Cenare fuori
*Ristoranti tradizionali cretesi*
*Cucina internazionale*
*Cibo da strada e snack*
*Opzioni vegetariane e vegane*

## Informazioni pratiche
*Suggerimenti per la sicurezza e la salute*
*Navigazione tra leggi e costumi locali*
*Contatti di emergenza*

# Il mio viaggio a Creta

Lo spintone ritmico dell'aereo mi ha cullato in un leggero sonno, rotto solo dall'anticipazione che mi scorreva nelle vene. Finalmente stavo andando a Creta! Immagini mi riempirono la testa: pietre cotte dal sole, il luccichio blu dell'Egeo e antichi racconti che vorticavano nell'aria.

Quando sono uscito dall'aeroporto di Heraklion, una ventata di aria calda e salata mi ha colpito. I miei polmoni lo assaporavano, in netto contrasto con l'atmosfera stantia e climatizzata dell'aereo. Ho gettato la borsa nel bagagliaio dell'auto a noleggio, una cosa minuscola che sembrava più adatta a spostarsi in un parco divertimenti che nell'aspro paesaggio di Creta. Ma l'apparenza spesso inganna e ho avuto una settimana per mettere alla prova il suo coraggio.

La mia prima destinazione è stata Chania, un leggendario porto veneziano sulla costa nord-occidentale. Il viaggio era tutto ciò che avevo sperato: montagne scoscese, il mare un compagno sempre presente e uliveti che dipingevano le colline con il loro verde argentato. Arrivando a Chania proprio mentre il crepuscolo dipingeva il vecchio porto di rosa e arancio, mi sono trovato attratto dal labirinto di strade acciottolate. Gli antichi edifici, che brillavano sotto le luci soffuse, sembravano sussurrare i segreti dei mercanti veneziani, dei pascià ottomani e forse di uno o due minotauri.

Il mio hotel era uno spaccato della vita tradizionale cretese; immerso in un cortile dietro un secolare palazzo in pietra. Ho lasciato cadere la borsa e sono tornato fuori: il fascino della cucina cretese era irresistibile. Trovai un'umile taverna, dove uomini avvizziti giocavano a backgammon all'ombra di una vite. Gli odori che emanavano dalla cucina erano inebrianti: origano, pesce fresco, carne sfrigolante. Ho ordinato davvero troppo e ho divorato fino all'ultimo boccone mentre mi allietavano i suoni cadenzati di un bouzouki.

Il giorno successivo è stato dedicato all'esplorazione. Il centro storico di Chania mi ha tenuto prigioniero. Ogni stretto vicolo prometteva uno sguardo al passato, dalle fontane turche esposte alle intemperie alle cappelle bizantine. Il pomeriggio mi portò al porto, dove il faro veneziano vegliava sulle barche da pesca che dondolavano dolcemente nell'acqua come giocattoli dai colori vivaci.

Nessun viaggio a Creta sarebbe completo senza le spiagge. E mio Dio, le spiagge! Ho iniziato con Elafonisi, rinomata per le sue sabbie dai riflessi rosa. La folla non mi ha scoraggiato; l'acqua, come un turchese cristallino, era irresistibilmente invitante. Più tardi, mi sono avventurato a Balos, raggiungibile con un traghetto che attraversa una laguna turchese. La mia macchina fotografica non poteva funzionare abbastanza velocemente per catturare il panorama sbalorditivo. Tra nuotate e bagni di sole, ho esplorato le rovine di un antico tempio affacciato sul mare, sentendomi addosso il peso dei millenni.

La mia sete di storia mi ha portato a Cnosso, il leggendario palazzo del re Minosse. Ho vagato per la Camera della Regina, immaginando i vibranti affreschi che un tempo ne adornavano le pareti, camminando per i labirintici corridoi dove potrebbe aver vagato il Minotauro della leggenda. Il caldo era opprimente, ma la sensazione di camminare sulle orme di una civiltà che ha gettato le basi del pensiero occidentale era esaltante.

Naturalmente, un viaggio non significa solo spuntare le attrazioni. Sono i momenti inaspettati che restano con me: una conversazione con un pastore mentre il suo gregge bloccava la mia macchina su una stradina di montagna; condividere arance fresche cretesi con una donna anziana mentre aspetta un autobus; trovare una baia nascosta e sentirmi come se fossi l'unica persona sulla Terra.

In un batter d'occhio, la mia settimana su quest'incredibile isola è evaporata. Eppure, mentre salivo sul volo di ritorno, ciò che rimaneva non era un senso di fine, ma piuttosto una profonda certezza che Creta fosse ormai intessuta nel tessuto del mio essere. I colori sarebbero un po' più luminosi, i pasti un po' più saporiti e il rumore del mare sarebbe per sempre infuso con gli echi di racconti antichi e la promessa di un luogo in cui avrei sempre desiderato tornare.

# Conoscere Creta

## Storia di Creta

### La culla delle prime civiltà

L'isola di Creta vanta una storia che risale agli albori della civiltà umana. Già nel VII millennio a.C. l'isola ospitava una fiorente cultura neolitica. Le prove di questi primi abitanti si trovano sparse in tutta Creta, offrendo uno sguardo affascinante sul loro modo di vivere. Curiosamente, gli strumenti di pietra scoperti negli ultimi decenni indicano la possibilità di una presenza umana sull'isola addirittura 130.000 anni fa. Questi manufatti paleolitici mettono in discussione nozioni precedentemente sostenute e suggeriscono un capitolo molto precedente nella storia umana di Creta.

### Ascesa e caduta dei Minoici (2700-1420 a.C.)

Creta occupa un posto distintivo nella storia come culla della civiltà minoica, la prima civiltà veramente avanzata a fiorire sul suolo europeo. Questa straordinaria cultura dell'età del bronzo emerse intorno al 2700 a.C., forgiando infine una società sofisticata rinomata per la sua abilità marittima, la squisita arte e i complessi sontuosi. Lo splendore dei minoici è meglio esemplificato dalle vaste rovine di Cnosso, un palazzo labirintico che affascina e confonde gli studiosi fino ad oggi. Anche il loro enigmatico sistema di scrittura, noto come Lineare A, continua a resistere alla decifrazione, aggiungendo un ulteriore livello di mistica a questa straordinaria civiltà.

L'apice del potere minoico si verificò durante il 2° millennio, ma il loro dominio alla fine tramontò. Le teorie sul loro declino spaziano dai disastri naturali alle invasioni, ma una cosa è certa: i Micenei, una cultura guerriera della Grecia continentale, determinarono il capitolo finale del dominio minoico.

**Una successione di imperi**
La posizione strategica di Creta nel Mediterraneo la rese continuamente un ambito premio per imperi vicini e lontani. Dopo i Micenei, l'isola divenne dominio del vasto Impero Romano. Dopo la divisione dell'impero, Creta cadde sotto la giurisdizione dell'Impero bizantino, continuazione orientale del potere romano. Tuttavia, una

nuova forza emerse nel IX secolo, quando gli invasori arabi strapparono temporaneamente il controllo dell'isola. Il dominio bizantino sarebbe stato ripristinato, solo per affrontare una nuova sfida secoli dopo.

**Dominio veneziano e dominazione ottomana**

L'anno 1205 segnò l'inizio di un'era significativa nella storia cretese, il periodo del dominio veneziano. Venezia, potente repubblica marinara, riconobbe il valore dell'isola e la chiamò Candia. La Creta dell'epoca veneziana fu testimone di una rinascita culturale con una fioritura delle arti e della letteratura. Tuttavia, questo periodo di prosperità sarebbe giunto a una fine violenta. L'ambizioso impero ottomano pose l'assedio a Candia (la moderna Heraklion) in uno degli assedi più lunghi della storia. Dopo una feroce resistenza, Creta alla fine cedette al controllo ottomano nel 1669.

**Il percorso di Creta verso l'indipendenza**

Il 19° secolo fu un periodo di tumulti e fervore nazionalista in Grecia. Creta, con la sua forte eredità greca, non poteva rimanere indenne dai venti del cambiamento. Le rivolte cretesi contro il dominio ottomano divennero frequenti, alimentate dal desiderio di unificarsi con il resto della Grecia. Dopo una lunga lotta, nel 1898 l'isola ottenne finalmente l'autonomia all'interno dell'Impero Ottomano. Il sogno a lungo atteso di un'unione completa con la Grecia si sarebbe finalmente realizzato nel 1913.

**I disordini del XX secolo e la battaglia di Creta**
Il 20° secolo ha portato una serie di prove per Creta. L'isola fu travolta dal vortice della Seconda Guerra Mondiale. Nel 1941, la battaglia di Creta divenne un momento decisivo della guerra. Nonostante fossero in inferiorità numerica e senza armi, i civili cretesi si unirono alle truppe britanniche, australiane e neozelandesi in una difesa eroica ma alla fine destinata a fallire contro gli invasori tedeschi. La loro valorosa resistenza testimonia lo spirito cretese e aggiunge un altro strato alla storia leggendaria dell'isola.

**Una ricca eredità**

Il passato di Creta è un'affascinante miscela di potenti imperi, genialità artistica e tenace resistenza contro la dominazione straniera. Ogni epoca ha lasciato il segno, creando il vivace mosaico culturale che si vede oggi sull'isola. Questo patrimonio unico rende Creta una duratura fonte di fascino sia per gli amanti della storia che per i visitatori.

## Geografia e clima

Creta, la più grande tra i gioielli che compongono l'arcipelago greco, testimonia la diversità dell'ambiente mediterraneo. Quest'isola, strategicamente situata nel punto in cui si incontrano tre continenti, è stata modellata da potenti forze geologiche e vanta un paesaggio straordinariamente vario. La geografia fisica di Creta è esemplificata dalle sue spettacolari catene montuose, pianure fertili e coste meravigliose; un mosaico geografico che rispecchia il ricco arazzo della sua storia.

**Cuore montuoso, anima costiera**

La spina dorsale di Creta è formata da una serie di imponenti catene montuose che si estendono per tutta la sua lunghezza. Queste catene montuose non sono semplicemente uno sfondo scenico, ma modellano attivamente il carattere e il clima dell'isola. Tra i più notevoli ci sono:

- **Idi (Psilorite)**: Questa montagna, luogo sacro nella mitologia cretese, domina il paesaggio centrale di Creta. Psiloritis raggiunge l'impressionante altezza di 8.058 piedi (2.456 metri), rendendola la vetta più alta dell'isola.

- **Montagne di Lefká (Bianche)**: Il nome "Montagne Bianche" allude probabilmente alla neve persistente che incorona queste vette per gran parte dell'anno. Salgono a un'altitudine di 8.045 piedi (2.452 metri) e nel loro abbraccio si trova la famosa Gola di Samariá, un magnifico squarcio nel paesaggio che stupisce e ispira allo stesso tempo.

- **Monti Dikti**: Queste montagne, situate nella parte orientale dell'isola, si estendono per 2.148 metri. Un'antica leggenda afferma che all'interno della catena Dikti si trova una grotta nascosta dove nacque il potente Zeus, re degli dei greci.

Tra queste catene si intervallano gli altipiani altipiani, come Nída, Omalós e Lasíthi. Le aspre cime e i pendii sono punteggiati da un'intricata rete di gole, grotte e burroni, che si aggiungono ulteriormente al terreno drammatico e diversificato.

Mentre il cuore di Creta è montuoso, le sue regioni costiere presentano un aspetto più dolce. La costa settentrionale scende gradualmente verso le invitanti acque del Mediterraneo, creando fertili pianure e porti naturali. Questi paradisi protetti favorirono lo sviluppo delle principali città di Creta, tra cui Chaniá, Réthymno e Irákleio, plasmando la sua storia marittima e il suo ruolo di centro commerciale e culturale. Lungo questa costa si trovano numerose bellissime spiagge - vaste distese sabbiose e intime calette di ciottoli - che hanno reso l'isola una destinazione amata dagli amanti del sole di tutto il mondo.

Al contrario, la costa meridionale ha il suo fascino distinto. Qui, incastonata tra le montagne e il Mar Libico, si trova la pianura di Mesara, il cuore agricolo più importante di Creta. Questa fertile distesa funge da granaio dell'isola, il suo terreno pianeggiante è in netto contrasto con le vette dominanti altrove.

**Acqua**
Sebbene sia un'isola circondata dal vasto mare, le fonti d'acqua dolce sono un elemento essenziale dell'ambiente di Creta. L'isola presenta una rete di piccoli fiumi, abbondanti sorgenti e corsi d'acqua stagionali che sostengono sia il suo ecosistema che i suoi abitanti. Tra i corpi d'acqua dolce naturali più notevoli c'è il Lago Kournás, un luogo tranquillo e pittoresco. Creta vanta anche numerosi laghi artificiali creati per l'irrigazione e l'acqua potabile, evidenziando l'interazione tra lo sviluppo umano e le sue risorse naturali.

**Dove i climi convergono**
Benedetta dal sole e temperata dal mare, Creta gode del classico clima mediterraneo; le estati lunghe e calde

lasciano il posto a inverni miti e umidi. Sarebbe però una semplificazione etichettare l'intera isola con un unico termine climatico. La geografia di Creta gioca un ruolo determinante nel modellare i suoi modelli meteorologici. In generale, si sperimenta il classico clima mediterraneo lungo le regioni costiere, passando a un clima subtropicale nelle aree più meridionali.

Le piogge si concentrano tra ottobre e marzo, con le montagne che ricevono precipitazioni significativamente maggiori rispetto alle pianure. Le nevicate, sebbene rare lungo la costa, sono uno spettacolo comune sulle vette più alte durante tutta la stagione invernale, creando uno straordinario contrasto tra le cime innevate e il mare scintillante sottostante. Nel frattempo, le estati sono caratterizzate da abbondante sole e quasi totale assenza di pioggia. Il caldo può essere intenso, soprattutto in pianura, ma è spesso moderato dal meltemi, un vento stagionale che porta sollievo anche nelle giornate più calde.

Le dimensioni di Creta e la varietà del terreno creano microclimi localizzati, portando a un intrigante mosaico climatico. Il lato occidentale più rigoglioso dell'isola è caratterizzato da maggiori precipitazioni, favorendo paesaggi più verdi, mentre quello orientale ha un'atmosfera decisamente più secca.

## Cultura e Tradizioni

L'essenza di Creta non può essere catturata entro i confini di una mappa o dalle semplici date su un calendario. Vive nel cuore della sua gente, espresso in una sinfonia di usanze secolari, celebrazioni vibranti e ritmi semplici della vita quotidiana. L'identità culturale unica dell'isola è sbocciata nel corso dei millenni, modellata dalle diverse civiltà che hanno toccato le sue coste, dai paesaggi fertili e dallo spirito duraturo dei suoi abitanti.

### La vita intrecciata con la tradizione

Per i cretesi non esiste una linea che separa la vita dalla tradizione; sono intrecciati. Questa è una terra dove i legami familiari sono profondi e le comunità si fondono con un calore che accoglie lo straniero con la stessa facilità con cui si accoglie un amico perduto da tempo. Il tempo non si misura solo in minuti, ma anche in pasti condivisi, conversazioni vivaci ed echi di storie tramandate di generazione in generazione. L'ospitalità non è semplicemente un gesto, è un pilastro essenziale dello stile di vita cretese. I cretesi sono orgogliosi della loro eredità e questo rispetto per il passato non è un ostacolo al progresso, ma piuttosto il terreno su cui cresce la loro cultura moderna.

**Una festa per i sensi**
La tavola cretese è una celebrazione della generosità della terra, una testimonianza del profondo legame tra cibo e cultura. Immagina verdure maturate al sole piene di sapore, formaggi realizzati con cura dal latte munto da pecore che pascolano erbe selvatiche e, naturalmente, l'onnipresente olio d'oliva, la linfa vitale della cucina mediterranea. I pasti non servono solo al sostentamento; sono occasioni, scandite dal vivace flusso della conversazione e magari da un bicchiere (o due!) di raki. Questo potente liquore a base d'uva, noto anche come tsikoudia, è intrecciato con le tradizioni dell'isola, un simbolo sia di celebrazione che di generosità quotidiana.

Qui fare il pane e fare il formaggio è più che semplici attività, sono competenze tramandate di generazione in generazione, che creano un legame tangibile tra il presente e il passato.

**Musica e movimento**
È impossibile immaginare Creta senza musica. Le melodie lamentose e ipnotiche della lira cretese si intrecciano nel tessuto di ogni celebrazione, agitando l'anima e mettendo in movimento i piedi. Da questo momento nascono le mantinate, tradizionali distici in rima, che offrono arguti commenti sociali, toccanti espressioni d'amore o semplicemente prese in giro giocose. Le danze, come i vigorosi pentozali, sono una manifestazione visiva dello spirito dell'isola. Linee di ballerini si intrecciano, muovendosi come una cosa sola, rispecchiando il forte senso di comunità che sta al centro dell'identità cretese.

**Fede e celebrazione**
La fede greco-ortodossa è un filo conduttore vitale nell'arazzo della vita cretese. Monasteri e chiese, alcuni

umili, altri grandiosi, punteggiano il paesaggio – depositari sia della devozione spirituale che del patrimonio artistico. Le feste religiose, conosciute come panigiria, sono eventi gioiosi. Sono un momento per onorare i santi patroni, rafforzare i legami comunitari e concedersi cibi deliziosi insieme alla musica e alla danza. La Dominazione della Vergine Maria, celebrata in tutta l'isola il 15 agosto, è una delle occasioni più significative, un'esplosione di riverenza e di gioiosa celebrazione.

**Dove vive la storia**
Dalle labirintiche rovine di Cnosso, luogo di nascita del mito del Minotauro, ai villaggi collinari dove il tempo sembra fermarsi, Creta è una terra ricca di storia. La mitologia e le meraviglie archeologiche offrono scorci di civiltà del passato, alimentando l'immaginazione tanto quanto qualsiasi libro di storia. L'isola, crogiolo in cui gli imperi si incontravano e si scontravano, porta il suo complesso passato come un distintivo d'onore, un costante promemoria della sua resilienza e resistenza.

**Espressione artistica**

L'arte cretese comprende di tutto, dagli squisiti affreschi minoici alle opere contemporanee che sfidano e ispirano. Abili artigiani portano avanti tradizioni secolari, con le loro mani che modellano l'argilla in eleganti ceramiche, creano intricati motivi da un telaio o trasformano la pelle in morbidi articoli usurati dal tempo. Sebbene il passato abbia una profonda influenza, la creatività cretese non ne è limitata. L'isola ha una vivace scena artistica contemporanea, dove artisti, musicisti e scrittori esprimono sia le loro esperienze uniche sia i temi senza tempo che uniscono l'umanità.

La cultura dinamica e duratura di Creta fa sì che una visita a questa favolosa isola sia molto più di una semplice vacanza; è un viaggio coinvolgente in uno stile di vita plasmato dal mare, dalle montagne e dallo spirito inflessibile di un popolo che è allo stesso tempo completamente moderno e profondamente legato alle proprie radici.

## Cucina cretese

### La Fondazione Mediterranea

Al centro della cucina cretese si trova la famosa dieta mediterranea. Questo è un modo di mangiare incentrato sulle piante in cui verdure fresche, frutta, legumi e cereali integrali sono al centro dell'attenzione. Le verdure selvatiche, raccolte con una conoscenza tramandata da generazioni, aggiungono un'ulteriore sferzata di sapore e nutrimento. Naturalmente non si può menzionare la cucina cretese senza parlare dell'olio d'oliva. Questo "oro liquido" non è solo un ingrediente qui; é un modo di vita. Viene utilizzato con mano libera, aggiungendo ricchezza e profondità sia ai piatti cotti che a quelli freschi. Con moderazione e enfasi sui cibi freschi e integrali, la dieta cretese è stata a lungo riconosciuta come una delle più sane al mondo.

### Pilastri della cucina cretese

Esploriamo alcuni degli ingredienti essenziali che rendono questa cucina così speciale:

- **Olio d'oliva:** L'olio extravergine d'oliva cretese esige rispetto per il suo sapore e i suoi benefici per la salute. Costituisce la base di innumerevoli piatti.
- **Formaggio:** L'isola vanta un'orgogliosa tradizione nella produzione del formaggio. Il Mizithra, un formaggio a pasta molle, il Graviera, un formaggio stagionato più duro, e lo Xynomizithra, un formaggio piccante e cremoso, sono gli alimenti base che si trovano nelle cucine di tutta Creta.
- **Verdure selvatiche ed erbe aromatiche:** Creta è un paradiso per i raccoglitori. Le verdure come lo stamnagathi (cicoria selvatica), la vlita (amaranto) e il finocchio selvatico aggiungono sfumature di sapore a insalate, torte e stufati. Erbe aromatiche come origano, timo e menta infondono ai piatti l'essenza stessa dell'isola stessa.
- **Frutta e noci:** Sia la frutta fresca che quella secca vengono gustate liberamente. Creta produce agrumi, fichi, meloni e una varietà di uva. La frutta secca, in particolare mandorle e noci, aggiunge croccantezza sia ai piatti dolci che a quelli salati.

**Piatto di Delicious Dish**

- **Dakos:** Questa tipica insalata cretese incarna semplicità e freschezza. Le fette biscottate d'orzo, la base del piatto, vengono messe a bagno brevemente per ammorbidirle, quindi stratificate con pomodori succosi, cremoso formaggio mizithra, una manciata di olive, capperi e un filo finale del miglior olio d'oliva.

- **Kalitsounia:** Queste piccole e invitanti torte mostrano la maestria dei cuochi casalinghi cretesi. La delicata pasticceria viene riempita con verdure selvatiche, erbe aromatiche e formaggio o addolcita con miele e spezie, quindi cotta delicatamente o fritta.

- **Anticristo:** Questo metodo tradizionale di cottura dell'agnello sul fuoco è intrecciato con la storia cretese. La carne viene condita con poco più che sale, lasciando che il suo sapore naturale si mescoli con il fumo del fuoco, ottenendo una carne succulenta e tenera.

- **Gamopilafo:** Spesso utilizzato per le feste di matrimonio, questo piatto festivo è una testimonianza dello spirito comunitario della cucina cretese. Il riso viene cotto a fuoco lento in un ricco brodo di carne di capra e gallo, con una spruzzata di limone che aggiunge un tocco finale di luminosità.

- **Cocleare di Boumpouristo:** Per i più avventurosi, questo piatto offre un assaggio dell'autentica Creta. Le lumache vengono prima spurgate, poi fritte in olio d'oliva con rosmarino e una spruzzata di aceto. Il risultato è sia terroso che aromatico.

**La tradizione Meze**
I cretesi non mangiano solo per soddisfare la fame; abbracciano il rito conviviale dei mezédes. Questi piccoli piatti sono progettati per la condivisione e il pascolo. Oltre a piatti tipici come i dolmades (foglie di vite ripiene) e il saganaki (formaggio salato saltato in padella), potresti incontrare prelibatezze tipiche cretesi come la torta di finocchi, con il suo delicato sapore di anice, o i fiori di zucca fritti, una delicata delizia stagionale.

**Moderazione in tutte le cose (soprattutto!)**
Sebbene il fondamento della dieta sia a base vegetale, i frutti di mare hanno un posto di rilievo, spesso preparati

semplicemente grigliati o al forno. La carne rossa e il pollame vengono consumati, ma solitamente in porzioni più piccole, riservate alle occasioni speciali e aromatizzate con la generosità delle erbe cretesi.

**Dolci indulgenze**
I dolci cretesi spesso mettono in risalto l'abbondante frutta e noci dell'isola. La xerotigana, strisce croccanti di pasta fritta condite con miele, è un classico celebrativo. La portokalopita, una torta agrumata imbevuta di sciroppo, e i loukoumades, la versione cretese delle ciambelle al miele, aggiungono un finale dolce a qualsiasi pasto.

**Lo spirito dell'ospitalità cretese**
Nessuna esplorazione della cucina cretese è completa senza menzionare le bevande. Tsikoudia (raki) dimostra l'abilità distillatoria dell'isola, mentre rakomelo (tsikodia infuso con miele e spezie) offre una dolcezza calda. E, naturalmente, i vini cretesi, con la loro espressione unica del terroir dell'isola, aggiungono un altro livello di piacere alla tavola.

# Pianificazione del tuo viaggio

## Periodo migliore per visitare

**Alta stagione: luglio e agosto**

Se ti immagini crogiolarti su una spiaggia soleggiata, con acque cristalline e scintillanti che ti invitano, allora il culmine dell'estate a Creta potrebbe essere il tuo ideale. Le temperature aumentano vertiginosamente, con massime medie che si spingono verso i 29 °C (84 °F). Se ti piace il calore e un'atmosfera vivace, questa è la tua stagione. L'isola pulsa di energia, dalle feste in spiaggia alle tradizionali feste di paese. I mari sono calmi e invitanti, perfetti per tutti i tipi di sport acquatici.

Tuttavia, sii preparato ai compromessi. Questa è l'ora migliore a Creta, il che significa che la folla è al massimo. Voli e alloggi tendono ad essere più costosi e più difficili da trovare a meno che non si prenoti con largo anticipo. Se stai cercando un'esperienza più tranquilla, il trambusto potrebbe essere meno attraente.

**Il punto giusto: stagioni intermedie (aprile-giugno e settembre-ottobre)**

Per molti, le stagioni intermedie sono in assoluto il periodo migliore per visitare Creta. Il clima è sublime, con temperature piacevolmente calde ma senza l'intenso caldo estivo: si pensi a temperature massime comprese tra 20°C e 27°C (da 68°F a 80°F). Le giornate sono lunghe e per lo più soleggiate, e la folla si è diradata, anche se la situazione non si è calmata del tutto, soprattutto nei luoghi popolari. Questo è il momento perfetto per nuotare, fare escursioni o esplorare le meraviglie archeologiche senza sentirsi sopraffatti o surriscaldati.

Anche le stagioni intermedie tendono ad essere un po' più convenienti ed è improbabile che ti ritrovi bloccato fuori dalla sistemazione desiderata. Ancora più importante, potrai comunque sperimentare l'intera gamma dell'ospitalità cretese, gustare deliziosi pasti nelle taverne all'aperto e avere la possibilità di interagire con la gente del posto a un ritmo più lento.

**La bassa stagione: da novembre a marzo**

Se stai cercando un'esperienza davvero coinvolgente e autentica, o forse vuoi sfuggire del tutto alla folla, i mesi più freddi potrebbero essere proprio la soluzione. Le temperature sono miti per gli standard del nord Europa, ma fredde per nuotare, con medie intorno ai 15 °C (59 °F), e pioggia occasionale o tempo ventoso non sono rari. Le località costiere e le attività stagionali rivolte ai turisti tendono a chiudere, ma le città più grandi offrono ancora alloggi e numerosi punti ristoro.

L'attenzione si sposta dalle spiagge al calore accogliente dei caffè e delle taverne locali, dove è più probabile socializzare con i residenti cretesi che con gli altri viaggiatori. Musei, siti archeologici e chiese sono tutti facilmente accessibili senza la folla tipica dei mesi più caldi.

**considerazioni speciali**

Se stai pianificando un viaggio attorno a interessi specifici, vale la pena considerare questi fattori:

- **Festival invernali:** Anche se fuori può fare freddo, Creta si anima a dicembre e all'inizio di gennaio. Il Capodanno e l'Epifania (6 gennaio) vengono celebrati con gusto, offrendo uno sguardo alle tradizioni e alle riunioni di famiglia che la maggior parte dei visitatori non sperimenta mai.

- **Fioritura primaverile:** La tarda primavera (maggio-giugno) porta un'esplosione di fiori selvatici nel paesaggio, soprattutto nella parte occidentale meno sviluppata dell'isola. Combinalo con giornate calde e secche e avrai le condizioni perfette per gli escursionisti e gli amanti della natura.

- **Delizie autunnali:** Settembre e ottobre, pur essendo ancora considerati alta stagione, offrono un livello di folla leggermente ridotto e il vantaggio aggiuntivo della stagione vinicola. Visitare cantine o villaggi locali durante la vendemmia offre uno sguardo affascinante su questa tradizione secolare.

**Ripartizione meteorologica mese per mese**

Per darti un quadro completo, ecco una breve guida su cosa puoi aspettarti ogni mese:

- Da aprile a maggio: le temperature aumentano costantemente, le piogge diminuiscono e le giornate soleggiate diventano la norma.
- Da giugno ad agosto: caldo, secco e costantemente soleggiato: il clima da spiaggia è al suo meglio.
- Settembre: ancora caldo, con pochissima pioggia, ideale per tutte le attività.
- Ottobre: le temperature cominciano a diminuire, le precipitazioni aumentano leggermente, ma per lo più sono ancora piacevoli.
- Da novembre a febbraio: i mesi più freschi e piovosi, anche se anche in questi casi Creta raramente sperimenta periodi prolungati di tempo veramente brutto.

Se hai un obiettivo particolare per il tuo viaggio, che sia crogiolarsi sulla spiaggia, goderti le feste tradizionali o assistere alla fioritura primaverile, faccelo sapere e potrò fornirti suggerimenti ancora più personalizzati su tempistiche!

## Budget del tuo viaggio

### Alloggio

Il luogo in cui scegli di dormire la notte ha un impatto enorme sul tuo budget complessivo. Creta soddisfa ogni stile ed esigenza:

- **La scelta parsimoniosa:** I viaggiatori che guardano ogni euro possono trovare ostelli con dormitori condivisi o hotel senza fronzoli nella fascia di prezzo compresa tra € 20 e € 50 a notte. Questi offrono un posto pulito ed essenziale dove dormire, spesso con il vantaggio di un'atmosfera sociale o di una posizione privilegiata.

- **Comfort di fascia media:** Aumentando sia la privacy che i servizi, gli hotel di fascia media e gli appartamenti di proprietà privata rientrano nella fascia di prezzo da € 50 a € 150 a notte. Questo spesso ti dà un po' più di spazio, un bagno privato, un angolo cottura e forse anche una piscina o l'accesso a una spiaggia.

- **Vivere la bella vita:** Per coloro che credono che la vacanza inizi nel momento in cui entri nel tuo hotel, aspettati di pagare fino a € 150 a notte per un'esperienza di lusso. Pensa a camere spaziose, viste mozzafiato, finiture di fascia alta e strutture simili a quelle di un resort.

**Cibo**

La cucina cretese è una delizia e ci sono modi per goderne i sapori autentici a ogni fascia di prezzo.

- **Piatti di strada e sapori locali:** Piccoli caffè, panetterie e venditori ambulanti offrono pasti gustosi e sazianti per € 5-€ 15. Gyros, souvlaki, pasticcini appena sfornati e altre deliziose opzioni da asporto ti daranno la carica per esplorare. Le taverne locali servono pasti abbondanti e casalinghi a prezzi simili, offrendo sia sapore che la possibilità di immergersi nell'atmosfera cretese.
- **Ristoranti di fascia media:** Qui stai guardando 15-30 € a persona per un pasto seduto con servizio al tavolo. Ciò apre una più ampia varietà di piatti, tra cui pesce fresco, specialità regionali e un'esperienza culinaria più curata.

- **Indulgenza di alto livello:** Per chi ha inclinazioni gourmet o desidera cenare con la vista più bella, i pasti possono facilmente partire da € 30 a persona e salire da lì. Menu esclusivi, esperienze di degustazione e ristoranti con location ambite hanno un prezzo corrispondente.

**Muoversi: esplorare l'isola**

Il modo in cui esplori Creta influisce direttamente sul tuo budget. Ecco le possibilità:

- **Trasporto pubblico:** Creta ha un sistema di autobus affidabile, soprattutto per i viaggi tra le principali città. Le tariffe sono molto ragionevoli, a partire da circa € 1,80 per viaggi più brevi all'interno di una città o regione. Questa è l'opzione più conveniente, anche se limita in qualche modo la flessibilità.

- **Noleggio auto:** Per la massima libertà di esplorare spiagge remote, villaggi di montagna e di impostare il proprio itinerario, noleggiare un'auto è la strada da percorrere. I prezzi medi vanno dai 25€ ai 40€ al giorno. Dovrebbero essere presi in considerazione anche i costi del carburante e le eventuali tariffe di parcheggio.

- **Taxi:** Pur offrendo la comodità del servizio porta a porta, i taxi rappresentano l'opzione di trasporto più costosa. Hanno una tariffa iniziale fissa (circa € 3,50) più una tariffa chilometrica. Usa i taxi per brevi viaggi occasionali quando altre opzioni non sono disponibili.

**Attività e visite turistiche**

- **I grandi spazi aperti:** Una delle gioie di Creta è che molte delle sue migliori esperienze sono gratuite. Nuotare in spiagge incontaminate, fare escursioni su sentieri panoramici o semplicemente passeggiare per le pittoresche strade di affascinanti città può riempire intere giornate senza spendere un centesimo.
- **Storia e Cultura:** Siti archeologici e musei offrono uno sguardo al ricco passato di Creta. Le tariffe d'ingresso sono generalmente modeste, vanno da € 2 a € 15, anche se alcuni siti importanti potrebbero essere leggermente più alti.
- **Tour ed escursioni:** È qui che il tuo budget può variare maggiormente. Brevi tour a piedi o escursioni base di mezza giornata potrebbero iniziare intorno ai 25 €, mentre

attività specializzate come gite in barca verso isole remote, corsi di cucina con chef rinomati o avventure di trekking di più giorni possono facilmente arrivare a 100 €.

**Pianificazione della spesa quotidiana**

- **Budget per il viaggiatore con lo zaino in spalla:** Gli avventurieri parsimoniosi possono godersi Creta per circa €50-€70 al giorno, utilizzando ostelli, cibo locale e facendo affidamento sui trasporti pubblici.

- **Viaggiatore di medio livello:** Punta a € 100-€ 150 al giorno per un maggiore comfort ed esperienze più diversificate, comprese sistemazioni di fascia media e un mix di mangiare fuori e self-catering.

- **Esperienza di lusso:** Il cielo non ha limiti quando si tratta di viaggi di lusso, ma metti in preventivo 200€ o più al giorno per hotel di alto livello, pasti gourmet ed escursioni esclusive.

Utilizza questo sito Web per avere un budget perfetto per il tuo viaggio: **https://www.budgetyourtrip.com/greece/crete**

## Cosa mettere in valigia

### Elementi essenziali fondamentali

- **Documenti:** Non uscire di casa senza questi! Inizia con un passaporto valido (controlla la data di scadenza!). A seconda della tua nazionalità, potresti anche aver bisogno di ottenere un visto in anticipo. L'assicurazione di viaggio non è mai una cattiva idea; una politica globale dà tranquillità. Se sarai al volante, porta con te la patente di guida e controlla se è necessario un permesso internazionale.

- **Vestiario:** Il clima di Creta è generalmente mite, ma con variazioni a seconda della stagione e del terreno. Queste graffette forniscono una base versatile:

  - **Nozioni di base ventilate:** I tessuti leggeri e traspiranti sono i tuoi amici. Pensa a pantaloncini, magliette e prendisole per il giorno.
  - **La stratificazione è fondamentale:** Le serate possono diventare fresche, soprattutto al mare o in montagna. Includi un maglione leggero, un cardigan, alcune magliette a maniche lunghe e magari dei pantaloni comodi.

- **Calzature:** Scarpe comode o sandali sono essenziali per esplorare siti storici, passeggiare per i villaggi o affrontare facili escursioni. Infradito o scarpe da acqua sono indispensabili in spiaggia. Aggiungi qualcosa di leggermente più elegante per quelle serate sulla terrazza di un ristorante.
- **Costumi da bagno:** Nessun viaggio a Creta è completo senza un tuffo nel mare cristallino (o nella piscina del tuo hotel!). Non dimenticatene almeno uno, forse due!
- **Accessori:** Gli occhiali da sole sono un must assoluto, così come un cappello a tesa larga per la massima protezione solare. Aggiungi una borsa da spiaggia se il tuo normale zaino non va bene.

**Salute e benessere**

- **Il potere del sole:** Creta gode di un sacco di sole. È essenziale una protezione solare con fattore di protezione elevato, oltre a un balsamo per labbra con fattore di protezione. La lozione doposole lenisce la pelle che diventa un po' troppo zelante.

- **Bug:** Sebbene non siano un grosso problema, le zanzare e altri insetti che pungono possono essere fastidiosi, soprattutto nelle aree meno urbane. Porta con te un repellente per insetti di buona qualità.
- **Cura personale:** Porta articoli da viaggio (shampoo, balsamo, sapone, ecc.) a meno che il tuo alloggio non li fornisca. Includere tutti i farmaci prescritti e un kit di pronto soccorso di base (bende, antidolorifici, crema antisettica).

**Elementi essenziali della tecnologia**

- **Caricabatterie e adattatori:** Non vuoi che i tuoi dispositivi elettronici muoiano quando c'è uno splendido tramonto da catturare! Ricorda, Creta utilizza una spina di tipo F, quindi porta con te l'adattatore appropriato.
- **Telecamera:** Che tu abbia una fotocamera dedicata o ti affidi al tuo smartphone, assicurati di avere un modo per documentare la bellezza di Creta e quei momenti speciali di viaggio.

- **Accumulatore di energia:** Una fonte di alimentazione portatile può essere un vero toccasana quando le prese scarseggiano e i tuoi dispositivi si stanno esaurendo.

**Probabilità e fini (ma comunque importanti!)**

- **Bottiglia d'acqua** È essenziale rimanere idratati nel caldo mediterraneo. Una bottiglia ricaricabile aiuta a ridurre i rifiuti di plastica.
- **Telo mare:** Non tutti gli hotel li forniscono e ne vorrai uno per quelle nuotate improvvisate.
- **Zaino:** Uno zaino compatto ti consente di portare con te le tue cose essenziali quotidiane (acqua, snack, macchina fotografica, uno strato di vestiti) durante le escursioni, le giornate in spiaggia o l'esplorazione di una nuova città.

**Considerazioni stagionali**

- **Primavera Autunno:** Queste stagioni possono vedere piogge occasionali. Prepara un impermeabile leggero e considera un ombrello da viaggio.
- **Inverno:** Non avrai bisogno degli scarponi da neve, ma sono necessari vestiti più caldi. Pensa a maglioni, una

giacca più pesante e magari un cappello e guanti se esplorerai le regioni montuose.

**Rispetto della cultura locale**

Quando si visitano chiese o monasteri è cortese vestirsi con modestia. Metti in valigia oggetti che coprano ginocchia e spalle (una sciarpa leggera è utile per questo). La gente del posto apprezza sempre i visitatori che si impegnano con la lingua: anche poche frasi greche di base ti faranno sorridere. Prendi in considerazione l'idea di portare con te un piccolo frasario o di utilizzare un'app di traduzione per aiutarti a comunicare.

**Suggerimenti intelligenti per l'imballaggio**

- **Cubi da imballaggio:** Questi compartimentalizzano la tua valigia, mantenendo le cose organizzate e ottimizzando lo spazio.
- **Lavanderia:** Se fai le valigie leggere e utilizzi le lavanderie automatiche o i servizi di lavanderia degli hotel, puoi portare ancora meno vestiti.

- **Sii consapevole della borsa:** Ogni compagnia aerea ha i propri limiti e tariffe per i bagagli. Ricontrolla le restrizioni per evitare sorprese indesiderate al banco del check-in.

## Suggerimenti sulla lingua

Immagina di entrare in una taverna tradizionale in un villaggio collinare. L'aria è piena del profumo della carne alla griglia, delle vivaci chiacchiere della gente del posto e di una melodia che non riesci a collocare bene. Ti piacerebbe ordinare qualcosa di delizioso ma esiti, incerto su come colmare il divario tra la tua lingua e la loro. È qui che conoscere alcune frasi greche può trasformare la tua esperienza cretese da semplicemente divertente a veramente coinvolgente.

**Le nozioni di base: le basi della conversazione**
Cominciamo con l'essenziale: quelle parole e frasi che fungono da elementi costitutivi per una comunicazione semplice:

- **Saluti:** Un caldo "Yia sou" (ciao - informale) o "Yia sas" (ciao - formale) è sempre apprezzato. Allo stesso modo, salutarsi con un "Kalinichta" (Buona notte) o "Yia sas", dimostra che non sei solo un turista di passaggio.
- **Le parole magiche:** "Parakalo" significa sia "per favore" che "prego", è una parola multiuso che ti sarà molto utile! Un sincero "Efharisto" esprime gratitudine.
- **Sì e no:** "Né" e "Óchi" sono i tuoi semplici "sì" e "no".
- **Domande essenziali:** "Póso kánei?" (Quanto?) e "Poú eínai...?" (Dov'è...?) sono le domande più frequenti nei negozi o durante la navigazione.

**Dove Creta diventa eccentrica: il dialetto locale**
Come ogni regione della Grecia, Creta vanta il suo sapore linguistico unico. Potresti sentire alcune parole che ti lasciano perplesso, anche se conosci un po' di greco standard. Ecco dove inizia il divertimento:
- **Ciao cretese:** Il tipico "Yia sou" viene abbreviato semplicemente in "Yia", pronunciato come "Yah".

- **Il "cosa" cretese:** Preparati a incontrare "Ida?" pronunciato "Eeda". Questo è unico per l'isola e non ha un equivalente greco standard.

- **Chiamare all'azione:** "Ante!" pronunciato "Ade" o "Pame!" pronunciato "Pah-meh" è il modo cretese per dire "Andiamo!" o "Dai!" Potresti sentirlo mentre chiami un amico o chiami un cameriere in un bar affollato.

- **Alzare un bicchiere:** I cretesi dicono "Yia mas!" quando si tosta, ma la pronuncia cambia in "Zah mas!".

- **Ringraziare:** Anche se la forma scritta del ringraziamento rimane "Efharisto", la pronuncia si addolcisce in "ef-ha-ree-stoh".

**Mettere tutto insieme**

Anche se i cretesi, soprattutto quelli che lavorano con i turisti, hanno spesso un'eccellente conoscenza dell'inglese, fare uno sforzo per parlare la loro lingua invia un messaggio potente. Mostra rispetto, curiosità e volontà di impegnarsi con la cultura oltre la superficie.

Non aver paura di pronunciare male o di commettere errori! Anche i gesti, i sorrisi e il buon umore fanno parte del linguaggio della comunicazione. I cretesi sono noti per il loro calore umano e tendono ad essere pazienti e incoraggianti con coloro che cercano di imparare qualche frase.

**Suggerimenti per migliorare il tuo apprendimento**

- **Supporto tecnico:** Le app per l'apprendimento delle lingue come Duolingo o Memrise possono darti un punto di partenza divertente e interattivo con il greco.

- **Riferimento tascabile:** Porta un piccolo frasario o utilizza un'app di traduzione sul tuo telefono. Anche solo indicare la frase che desideri può avviare la conversazione.

- **Il miglior insegnante: l'esperienza!** Non esitare a provare a usare le tue neonate abilità greche. Ogni interazione, che si tratti di ordinare un caffè, chiedere indicazioni o semplicemente condividere un ringraziamento con un negoziante, rafforza la tua sicurezza.

**Più che semplici parole**

- **Una questione di buone maniere:** Condurre sempre con un saluto e un "parakalo" (per favore). Mostra la tua consapevolezza delle usanze greche e dà un tono positivo all'interazione.

- **Luoghi di venerazione:** I siti religiosi, siano essi un grande monastero o un umile santuario lungo la strada, meritano rispetto. Mantieni la voce bassa e vestiti con modestia, con spalle e ginocchia coperte.

- **Apprezzamento:** Che si tratti del delizioso pasto che hai appena finito o della persona che ti ha aiutato a trovare la tua strada, un sincero "Efharisto" è sempre il benvenuto.

## Guida ai trasporti

Muoversi a Creta è parte dell'avventura! L'isola offre un mix di opzioni di trasporto, permettendoti di trovare il metodo che meglio si adatta al tuo stile e al tuo itinerario. Sia che tu sogni di tortuose strade di montagna con i finestrini abbassati, di saltare tra i villaggi dell'isola con un piacevole viaggio in autobus o della libertà di esplorare sulle tue quattro ruote, Creta è ciò che fa per te.

**Arrivo**

Molto probabilmente, il tuo viaggio a Creta inizierà scendendo da un aereo. I due aeroporti principali sono l'Aeroporto Internazionale di Heraklion (HER) e l'Aeroporto Internazionale di Chania (CHQ). Questi collegano Creta con Atene e destinazioni in tutta Europa. Dall'aeroporto puoi prendere un taxi, un autobus pubblico o prenotare un'auto a noleggio per raggiungere la tua prima destinazione.

**La flessibilità delle auto a noleggio**

Se hai uno spirito di esplorazione e desideri raggiungere quelle baie nascoste, le rovine archeologiche fuori dai sentieri battuti o le taverne in cima alle montagne con panorami mozzafiato, un'auto a noleggio è spesso la scelta migliore. Le agenzie di noleggio si trovano negli aeroporti, nei porti dei traghetti e nelle principali città. Ecco cosa considerare:

- **Dimensioni del veicolo:** Le auto piccole ed economiche sono più facili da manovrare sulle strade cretesi, soprattutto nei villaggi. Se hai un gruppo più numeroso o molti bagagli, dimensionati di conseguenza.

- **Costo:** Sebbene sia possibile trovare noleggi a partire da circa € 25 al giorno, il tipo di auto, il periodo dell'anno e la durata del noleggio influiscono tutti sul prezzo. I veicoli di lusso o speciali saranno naturalmente più costosi.

- **Guidare a Creta:** Anche se le strade principali sono generalmente ben mantenute, preparatevi ad alcuni tratti tortuosi e talvolta stretti, soprattutto nelle zone montuose. Guidare con attenzione e sulla difensiva.

**L'autobus KTEL**

Il sistema di autobus pubblici di Creta, noto come KTEL, è un modo sorprendentemente piacevole ed economico per spostarsi. I percorsi collegano la maggior parte delle città, dei paesi e di molte attrazioni popolari. Gli autobus sono moderni, confortevoli e solitamente dotati di aria condizionata: un gradito sollievo dalla calura estiva.

- **Conveniente:** Le tariffe sono molto ragionevoli, a partire da pochi euro per tratte brevi. Anche i viaggi più lunghi raramente superano i 15 €.

- **Orari:** Puoi trovare gli orari degli autobus online o presso le stazioni degli autobus locali. Le corse tendono ad essere più frequenti in alta stagione.

**Quando la comodità è fondamentale: i taxi**

I taxi sono numerosi a Creta e rappresentano una buona soluzione per viaggi brevi quando non si dispone di un proprio veicolo o non si vuole spostarsi nel sistema di autobus. Puoi fermarli per strada, ai posteggi taxi dedicati o addirittura chiamarne uno. Alcune cose da tenere a mente:

- **Tariffe:** Questi sono misurati, ma è saggio concordare un prezzo in anticipo, soprattutto per i viaggi più lunghi come la corsa dall'aeroporto al centro città.
- **Disponibilità** Nei villaggi più piccoli o a tarda notte potrebbe essere più difficile trovare un taxi disponibile.

**Autobus turistici**

Se preferisci uno stile di viaggio più strutturato, i tour guidati in autobus sono un ottimo modo per vedere i punti salienti di Creta senza preoccuparti della logistica. Questi tour in genere includono una guida esperta che condivide affascinanti approfondimenti sulla storia e la cultura dei luoghi visitati.

### Da un'isola all'altra in traghetto

Creta è perfettamente posizionata per combinare la vostra visita con altre bellissime isole greche. I traghetti partono dai porti di Heraklion, Chania, Rethymnon e dalle città costiere più piccole. Questo è un modo delizioso di viaggiare se hai tempo, offrendo splendide viste sul mare lungo il percorso. Tieni presente che i traghetti possono essere cancellati o ritardati durante i mesi invernali quando il mare diventa tempestoso.

### Avventure su due (o quattro!) ruote

Gli scooter e gli ATV (a volte chiamati quad o buggy) sono una scelta popolare, soprattutto per escursioni più brevi o per esplorare strade secondarie. Ti danno un emozionante senso di libertà. Prestare però attenzione, soprattutto su strade non asfaltate, e indossare sempre il casco!

**Escursioni a Creta**

Con paesaggi così meravigliosi, a volte il miglior mezzo di trasporto sono i tuoi piedi! Creta ha una vasta rete di sentieri escursionistici, dai dolci sentieri costieri agli impegnativi percorsi di montagna come l'iconica Gola di Samaria. Assicurati di ricercare percorsi adatti al tuo livello di forma fisica e di portare sempre molta acqua e protezione solare.

**Consigli utili per un viaggio tranquillo**

- **Conoscere le strade:** Tieni presente che alcune strade cretesi, soprattutto nelle aree meno sviluppate, possono essere strette e tortuose. Guidare con prudenza.
- **Problemi di parcheggio:** I luoghi più famosi si riempiono rapidamente durante l'alta stagione. Pianifica di conseguenza o considera trasporti alternativi come taxi o autobus.
- **Fai il pieno:** Nelle regioni più remote, i distributori di benzina sono meno frequenti. Non lasciare che il tuo serbatoio scenda troppo in basso!

- **Navigazione:** Non fare affidamento esclusivamente sul GPS, soprattutto nelle zone montuose con ricezione discontinua. Porta con te una buona mappa come backup.

# Le migliori destinazioni

## Heraklion

Heraklion non è solo un punto sulla mappa; è una città a strati, dove gli echi degli imperi si mescolano con la tecnologia all'avanguardia, e antiche strade acciottolate conducono a vivaci quartieri contemporanei. Questa affascinante miscela di passato e presente lo rende un luogo avvincente in cui vivere e un luogo infinitamente intrigante da visitare.

## L'eredità minoica

Le radici di Heraklion affondano nella notte dei tempi, intrecciate con la nascita della civiltà europea. I minoici erano maestri del commercio, dell'arte e dell'architettura e, sebbene la loro città-palazzo di Cnosso si trovi a poche miglia oltre i confini della città moderna, la loro influenza persiste. Cnosso non è una semplice rovina polverosa; è una finestra su un mondo di eleganza, genialità tecnica e una società complessa che racchiude ancora molti misteri irrisolti.

## Fortificazioni e commerci: l'età veneziana

Secoli dopo, quando Venezia era una potente potenza marittima, Heraklion, allora conosciuta come Candia, divenne un ambito premio. Le massicce mura che ancora circondano parti della città vecchia e l'imponente Fortezza di Koules all'ingresso del porto parlano di un'epoca in cui questa era una roccaforte strategica nella battaglia per il controllo delle rotte commerciali del Mediterraneo. Tuttavia, i veneziani hanno lasciato qualcosa di più della semplice potenza militare: tracce della loro raffinata architettura e sensibilità artistica si possono trovare annidate tra le strutture più moderne della città.

## Impressioni ottomane

La storia di Creta non finisce con i veneziani. L'Impero Ottomano rivendicò l'isola e Heraklion non fu esente. Mentre alcune reliquie di quel periodo servono a ricordare un periodo di occupazione, gli Ottomani elargirono anche doni: moschee i cui minareti un tempo perforavano l'orizzonte e bagni turchi che offrivano non solo purificazione ma un luogo di socializzazione e commercio.

**La marcia del progresso**

Heraklion non è diventata una città intrappolata nell'ambra, un polveroso museo del passato. È un luogo vibrante e lungimirante che abbraccia il progresso pur onorando la lunga storia che lo ha portato a questo punto. L'iniziativa "Smart City" ne è forse la manifestazione più visibile. Non si tratta solo di installare alcuni aggiornamenti tecnologici; è una filosofia: utilizzare la tecnologia dei dati e della comunicazione per migliorare l'efficienza, promuovere pratiche sostenibili e migliorare la vita sia dei residenti che dei milioni di visitatori che affluiscono qui ogni anno.

**Motore economico**

Il turismo è, innegabilmente, una parte fondamentale dell'economia di Heraklion e gran parte del suo sviluppo moderno è stato stimolato dalla necessità di far fronte alla sua popolarità. Ma la città non dipende esclusivamente da coloro che vengono per sole, mare e siti antichi. Le imprese innovative, un porto importante e la presenza di università e istituti di ricerca contribuiscono a un'economia più diversificata.

**Evoluzione delle infrastrutture**

Per garantire che la città funzioni senza intoppi sia per la gente del posto che per i turisti, Heraklion sta compiendo sforzi significativi nei suoi sistemi di trasporto. Ciò significa non solo strade, ma espandere e migliorare le opzioni di trasporto pubblico, aggiungere piste ciclabili e trovare modi migliori per gestire l'ondata stagionale di visitatori.

**Cultura e Musei**

L'acclamato Museo Archeologico di Heraklion offre un perfetto esempio di come la città bilancia il rispetto per la sua storia con un punto di vista contemporaneo. L'edificio in sé è elegante e moderno, ma all'interno delle sue mura si trovano alcuni dei manufatti più preziosi del passato di Creta, fornendo un collegamento tangibile attraverso i millenni.

**La vita a Heraklion**

Quelli che hanno la fortuna di chiamare casa Heraklion vivono in una città in continuo mutamento. Non è sempre facile: bilanciare la necessità di crescita e modernizzazione con la preservazione dell'identità culturale non è privo di tensioni. Eppure c'è un'energia palpabile qui, la sensazione che i cittadini siano impegnati nel plasmare la direzione che prenderà la città e nel garantire che lo sviluppo sia al servizio dei residenti, non solo dell'industria turistica.

**Sfide future**

Come ogni grande centro urbano, Heraklion deve affrontare problemi come la gestione della crescita della popolazione, il bilanciamento dello sviluppo con la conservazione degli spazi verdi e la garanzia che i benefici della sua economia in forte espansione siano condivisi equamente. È un suo merito il fatto che la città stia affrontando queste preoccupazioni apertamente, riconoscendo che sono necessarie soluzioni per garantire che Heraklion rimanga una città fiorente e vivibile a lungo nel futuro.

https://www.incrediblecrete.gr/en/
Esplora il sito web ufficiale del turismo di Creta per vedere gli splendidi paesaggi/destinazioni turistiche di Creta e altri servizi di cui avrai bisogno a Creta.

## La Canea

Chania è una città che lancia un incantesimo su tutti coloro che vagano per le sue strade. È un luogo dove il peso della storia viene portato con leggerezza, bilanciato da una calda ospitalità e da una tangibile gioia di vivere. Dal suo vivace lungomare fiancheggiato da edifici di epoca veneziana ai vicoli tranquilli e ricoperti di fiori, Chania ti invita a rallentare, ad assaporare, a diventare parte del suo ritmo accattivante.

**Una passeggiata nel tempo**

La storia non è qualcosa relegato nei polverosi musei di Chania; infonde i ciottoli stessi sotto i tuoi piedi. I Minoici, antichi signori del Mediterraneo, fondarono qui una potente città-stato, conosciuta come Kydonia. La sua eredità potrebbe essere meno visibile rispetto ad alcune epoche successive, ma la consapevolezza che i tuoi passi riecheggiano quelli di millenni passati aggiunge un certo brivido. I romani lasciarono il segno, così come i bizantini, ma sono i veneziani e gli ottomani che hanno plasmato gran parte di ciò che vedi oggi.

**Il porto veneziano**
Il cuore del centro storico di Chania è il suo porto. Per secoli è stata la porta d'ingresso per il commercio, la conquista e i semplici viaggiatori. L'iconico faro, un faro per le navi in arrivo, è stato costruito con un mix di influenze veneziane, egiziane e ottomane. Passeggiando sul lungomare, sei circondato da tesori architettonici. Le facciate color pastello con archi eleganti ricordano il tempo in cui i mercanti veneziani controllavano la città, mentre i minareti delle moschee parlano dei suoi secoli sotto il dominio turco. Tuttavia, il porto non è congelato nel tempo; i suoi caffè e bar brulicano di vita, e il tintinnio dei bicchieri si mescola al sciabordio delle onde contro le antiche pietre.

**Punti di riferimento ricchi di storia**

Chania offre una vasta gamma di siti da esplorare per gli amanti della storia:

- **Museo Marittimo di Creta:** Non lontano dal faro, questo museo approfondisce le forti tradizioni marittime di Creta. Le mostre spaziano dalle antiche tecniche di costruzione navale alle battaglie navali della Seconda Guerra Mondiale, dipingendo un vivido ritratto di un'isola il cui destino è sempre stato legato al mare.

- **Museo Archeologico:** Questo tesoro, ospitato in un monastero veneziano splendidamente restaurato, espone reperti che tracciano la storia di Creta dal periodo neolitico all'epoca romana.

- **Fortezza di Firkas:** Costruito per proteggere il porto, Firkas ora funge da punto di osservazione. Sali sui suoi bastioni per ammirare ampie vedute che abbracciano sia la città che il profondo blu del Mar di Creta.

**Spiagge e oltre**

Naturalmente, Creta è un'isola di straordinaria bellezza naturale e i dintorni di Chania offrono infinite opportunità di esplorazione. Alcune spiagge sono perfette per un pomeriggio piacevole, come Nea Hora, facilmente raggiungibile a piedi dal centro città, o Chrissi Akti, nota per la sua sabbia dorata.

Per i più avventurosi, una gita a Balos Beach è d'obbligo. Anche se più remota, la ricompensa è la sua atmosfera quasi incontaminata e la sua laguna incredibilmente turchese. Se la sabbia rosa è nella tua lista dei desideri, la spiaggia di Elafonissi, con il suo litorale roseo e le acque basse e limpide, sarà un'esperienza indimenticabile. E per tramonti mozzafiato, dirigiti alla spiaggia di Falassarna, dove vaste sabbie dorate costituiscono il palcoscenico perfetto per l'addio notturno del sole.

**Mangia bevi e sposati**
La scena culinaria di Chania è allo stesso tempo profondamente tradizionale e sorprendentemente dinamica. Cerca taverne a conduzione familiare nascoste in piazze tranquille e lascia che ti introducano al cuore e all'anima del cibo cretese. Il pesce fresco pescato quella mattina, l'insalata croccante di dakos condita con olio

d'oliva dorato e i ricchi piatti di carne cotti lentamente sono tutti classici. Non lasciare la città senza aver assaggiato gli esclusivi vini locali e lo spirito focoso noto come raki; viene spesso servito come gesto di ospitalità dopo un pasto.

**Dove il vecchio incontra il nuovo**
Chania non riguarda solo il passato. C'è una vivace scena artistica, dai mestieri tradizionali praticati in laboratori nascosti in strade tortuose agli audaci murales che spruzzano colore sui vecchi muri. Durante tutto l'anno si svolgono festival che celebrano di tutto, dalla musica, alla danza, alle prelibatezze locali, aggiungendo un altro livello di vivacità all'atmosfera della città.

**Scegli la tua casa cretese**
Che il tuo sogno coinvolga una camera elegante e ariosa in un palazzo veneziano restaurato, un condominio per famiglie sulla spiaggia o una villa appartata con piscina privata e vista sulle Montagne Bianche, Chania ha la sistemazione adatta a te.

**L'essenza di Chania**

Chania è una città che seduce lentamente. Si fa strada nel tuo cuore con il profumo del gelsomino portato dalla brezza marina, il gusto di un pomodoro perfettamente maturo pieno del sapore del sole cretese, le vivaci chiacchiere di una famiglia riunita in una taverna sul porto. Sono questi momenti, più di qualsiasi monumento specifico, che persistono a lungo dopo la tua partenza e ti fanno desiderare di tornare.

**Rethymno**

Immagina una città dove la brezza marina trasporta sia il profumo delle bouganville che i sussurri dei secoli passati. Benvenuti a Rethymno, un gioiello cretese che bilancia la sua ricca storia con un'atmosfera rilassata e contemporanea. È un posto dove sentire il ritmo della vita isolana scorrere lentamente nelle tue vene e allo stesso tempo tornare indietro nel tempo con ogni ciottolato sotto i tuoi piedi.

Sebbene le sue radici risalgano probabilmente all'era minoica (la cui città palazzo di Cnosso è facilmente raggiungibile), il suo nome non fu registrato fino agli scritti di Tolomeo, il famoso geografo e astronomo. Romani e bizantini andavano e venivano, ma sono i veneziani e gli ottomani che hanno lasciato i segni più significativi nella città che vedi oggi.

## Il cuore veneziano di Rethymno

Il cuore di Rethymno, la Città Vecchia, è uno scrigno di tesori dell'architettura veneziana. Il porto, sorvegliato dal suo iconico faro, è allo stesso tempo un vivace porto moderno e un palcoscenico per gli echi del passato. Case di epoca veneziana con i loro graziosi archi e le finestre con le persiane fiancheggiano il lungomare. Eppure, a pochi passi di distanza, i minareti delle moschee ricordano secoli di dominio ottomano, aggiungendo un altro strato all'arazzo architettonico della città. E nel suo cuore, la possente Fortezza sta a sentinella. Costruito dai veneziani per respingere gli invasori, non è semplicemente una reliquia militare ma ora offre panorami mozzafiato sia della città che dello scintillante Mar di Creta.

**Musei**

Rethymno comprende che la storia non dovrebbe essere lasciata a marcire, ma è qualcosa da custodire e condividere. Ecco alcuni luoghi in cui le storie del passato rivivono:

- **Museo Archeologico di Rethymno:** Incastonate tra le mura della Fortezza, le sue mostre raccontano storie dall'era neolitica fino all'occupazione romana. Sono i manufatti che parlano - gioielli delicati, frammenti di ceramica, strumenti realizzati molto tempo fa - che danno uno sguardo toccante sulla vita quotidiana nel corso dei millenni.

- **Museo storico e di arte popolare di Rethymno:** Questo museo, nascosto in un palazzo veneziano restaurato, offre un ritratto più intimo della cultura cretese: i tessuti squisitamente tessuti, gli strumenti di legno amorevolmente intagliati, gli oggetti della vita quotidiana che racchiudono bellezza e scopo.

- **Museo dell'antica Eleutherna:** Per coloro che vogliono scavare più a fondo nel passato di Creta, questo museo custodisce tesori rinvenuti in un vicino sito archeologico.

**Edifici con storie da raccontare**

A volte la storia più affascinante non è dietro il vetro del museo, ma parte del tessuto della città. Tieni gli occhi aperti per questi punti di riferimento:

- **Fontana Rimondi:** Costruita nel XVII secolo, questa fontana è molto più di un semplice bel viso. L'acqua che sgorga dalle bocche di tre leoni di pietra un tempo era la fonte principale per gli abitanti della città.

- **Moschea Neratze:** Questo sorprendente monumento ottomano ha un passato interessante. Originariamente costruita come chiesa veneziana, fu trasformata in una moschea e, più recentemente, in una sala da concerto, riflettendo le mutevoli maree dell'impero.

- **Loggia veneziana** Un tempo luogo in cui aristocratici e funzionari conducevano i loro affari, questo elegante edificio ora ospita il negozio del Museo Archeologico, una deliziosa miscela di praticità del passato e commercio moderno.

**Dove la natura incontra la cultura**

Ma Rethymno non è una città in salamoia nel tempo. I suoi dintorni offrono una bellezza naturale mozzafiato. I Monti Psiloritis, inclusa la vetta più alta dell'isola, offrono sia uno sfondo scenografico che un parco giochi per gli escursionisti. E le spiagge... Dopotutto, Creta è un'isola circondata dal mare! Preveli, con la sua miscela unica di foreste di palme e un fiume che incontra l'oceano, è uno dei luoghi preferiti sia dalla gente del posto che dai visitatori.

**Cibo**

Rethymno abbraccia la filosofia cretese del cibo sia come sostentamento che come piacere. Taverne accoglienti traboccanti di chiacchiere allegre servono piatti autentici: succulente carni alla griglia, frutti di mare appena pescati, verdure piene di sapore maturato al sole. Naturalmente, l'olio d'oliva e il vino locali scorrono liberamente, contribuendo a creare un'atmosfera conviviale. Cerca posti più piccoli a conduzione familiare; questi tendono ad essere i luoghi in cui scoprirai le vere tradizioni culinarie cretesi.

### La Rethymno di oggi

La presenza di un'importante università infonde a Rethymno uno spirito giovanile. È questo mix di bellezza senza tempo, rispetto per il passato ed energia decisamente moderna che rende la città così attraente. Sebbene il centro storico sia una calamita, troverai anche caffè pieni di gente del posto, negozi contemporanei e bar vivaci adatti a chi cerca un'atmosfera più cosmopolita.

### Oltre una gita di un giorno

Rethymno merita più di qualche ora di fretta tra le fermate dell'autobus turistico. Per assaporarne veramente il fascino, soffermatevi, prendetevi del tempo per esplorare cortili nascosti e accomodatevi in un bar sul mare per un caffè senza fretta. La città ricompenserà la tua curiosità con panorami, sapori ed esperienze che creeranno ricordi duraturi anche dopo aver lasciato le sue coste.

## Agios Nikolaos

Immagina un luogo in cui gli echi di un mondo antico si mescolano con la vibrante energia di una moderna località turistica, il tutto incastonato in uno sfondo di bellezza naturale mozzafiato. Quello è Agios Nikolaos. Questa città cretese non è solo un punto sulla mappa, è un invito a scoprire, a rilassarsi e a lasciare che lo spirito dell'isola penetri nella tua anima.

**Dove il passato incontra il presente**
Il terreno sotto i tuoi piedi ad Agios Nikolaos è ricco di storia. La città moderna poggia sulle rovine di Lato pro Kamara, l'antica città portuale che serviva la potente città-stato dell'entroterra di Lato. Questo non era un accordo minore; è fiorito per secoli e i manufatti che sono stati portati alla luce offrono scorci allettanti in un tempo precedente agli autobus turistici e agli ombrelloni. Il nome stesso della città rende omaggio a San Nicola, protettore dei marinai, sottolineando il legame vitale tra questo luogo e il mare.

**Esplorando il passato**
Anche se il principale museo archeologico della regione è attualmente in fase di ristrutturazione, non pensare che ciò significhi che la storia sia fuori portata. Le rovine

dell'antica città di Lato si trovano a breve distanza da Agios Nikolaos e sono tra i resti meglio conservati della Creta dorica. Esplorare le sue strade, immaginando i mercati, le case e i templi che un tempo sorgevano lì, dà il senso della lunga continuità dell'abitazione umana in questo luogo.

**L'Agios Nikolaos di oggi**
Il cuore pulsante dei centri urbani moderni attorno al Lago Voulismeni. Questo piccolo specchio d'acqua quasi chiuso aggiunge un elemento di drammaticità al paesaggio urbano e le leggende turbinano nelle sue profondità. La linfa vitale della città scorre da qui: caffè, negozi e una vivace vita notturna dipingono l'immagine di un luogo che si rivolge ai visitatori senza perdere la sua identità principale di città lavorativa. È anche un punto di partenza per esplorare i villaggi più piccoli e la pittoresca campagna che lo circondano.

**Capolavoro della natura**
Agios Nikolaos è benedetto dalla sua posizione. La profonda e riparata distesa della baia di Mirabello è un

rifugio sia per le barche che per coloro che vengono semplicemente ad ammirare il panorama. E ovviamente ci sono le spiagge! Sia che tu preferisca il brusio di una spiaggia completamente attrezzata o cerchi una baia più appartata, troverai la sabbia adatta al tuo umore, il tutto con le acque incredibilmente limpide per cui Creta è famosa.

**Una città con una cultura distinta**
Sebbene orientata al turismo, Agios Nikolaos è molto più di un insieme di hotel e tour operator. È la capitale dell'unità regionale di Lassithi, un centro amministrativo e un luogo dove i cretesi vivono, lavorano e mantengono le loro tradizioni. Lo vedrai riflesso nei numerosi festival e fiere che si svolgono durante tutto l'anno, mettendo in mostra di tutto, dai prodotti locali alla musica e alla danza cretese.

**Assapora i sapori di Creta**
Se c'è un filo conduttore tra gli antichi minoici e i moderni cretesi, è un profondo apprezzamento per il buon cibo! Agios Nikolaos offre una deliziosa opportunità per

assaggiare la celebre dieta cretese. Dalle taverne informali con le loro sedie di plastica e tovaglie di carta alle esperienze culinarie più esclusive con vista sul lago, scoprirai pesce fresco, verdure appena raccolte e quell'onnipresente ma sempre delizioso filo d'olio d'oliva cretese. Naturalmente nessun pasto è completo con un po' di raki, lo spirito locale.

**Trovare la tua Oasi Perfetta**
Agios Nikolaos non crede in un approccio unico per tutti gli alloggi. Puoi trovare resort eleganti con piscine a sfioro e personale attento, hotel per famiglie con attività per bambini, oppure rifugiarti in un'incantevole pensione imbiancata nelle strade secondarie, cullato dal suono distante della musica proveniente da un bar sul lungomare.

**Un'esperienza, non solo una destinazione**
Più della somma delle sue parti, Agios Nikolaos è una città che rimane nella memoria molto tempo dopo la tua partenza. È la sensazione della brezza marina che ti carezza i capelli, il sapore del sale sulle labbra dopo una nuotata, lo scorcio inaspettato di un muro di pietra

incredibilmente vecchio seminascosto da una bouganville rosa brillante. Si tratta di trovare il ritmo di un luogo dove tradizione e contemporaneità si trovano in un confortevole equilibrio.

## Elounda

Se desideri una fuga in cui il concetto di "coccole" venga ridefinito, punta gli occhi su Elounda. Questo gioiello sulla costa nord-orientale di Creta è una destinazione per coloro che capiscono che il vero lusso non è solo una questione di numero di thread o stelle Michelin, ma di una squisita miscela di bellezza, privacy e un ritmo senza fretta che lascia che la tua anima raggiunga il tuo corpo.

### Il viaggio dal passato al presente

Le radici di Elounda giacciono sepolte... letteralmente. La città-stato di Olous, un tempo potente, uno dei principali centri della Creta Dorica, fiorì qui, ma i terremoti e le sabbie del tempo alla fine ne fecero sprofondare gran parte sotto le onde. Oggi, i subacquei e gli amanti dello snorkeling possono intravedere i resti di questo mondo perduto, aggiungendo una dimensione storica al fascino della zona. Tuttavia, Elounda non emerse come destinazione turistica fino alla fine degli anni '60; il suo sviluppo è stato attentamente curato per garantire che la sua espansione sia complementare, piuttosto che competere con, la bellezza senza tempo del suo ambiente.

**Elounda oggi**

Pur essendo sinonimo di turismo di alto livello, Elounda ha mantenuto un'atmosfera decisamente poco appariscente. Il cuore della città è ancora un villaggio di pescatori attivo, dove le barche navigano nel porto e i caffè servono caffè forte e pasticcini appena sfornati insieme alle opzioni di menu più all'avanguardia. Boutique chic e negozi che vendono beni di lusso coesistono accanto ad attività commerciali che soddisfano le esigenze quotidiane dei residenti. È un luogo dove chi cerca un'esperienza esclusiva può trovarla, ma non perde il suo innato spirito cretese.

**Cosa offre Elounda**

Pensa a Elounda come a un menu di delizie accuratamente realizzato, progettato per offrire qualcosa per tentare ogni desiderio:

- **Spinalonga: un viaggio toccante:** La piccola isola di Spinalonga, raggiungibile con un breve tragitto in barca, racchiude una storia complessa. Per secoli è stata una fortezza veneziana a guardia del porto, ma la sua più recente incarnazione come lebbrosario dal 1903 al 1957 getta una lunga ombra. Esplorare le sue rovine è commovente e stimolante.

- **Il richiamo di Lost Olous:** Per coloro che vogliono approfondire ulteriormente il passato, le rovine sommerse di Olous rappresentano una destinazione affascinante per coloro che sono attrezzati per la scoperta subacquea.

- **Dove il mare incontra il cielo:** Alcuni giorni, il culmine dell'avventura è trovare la spiaggia perfetta, affondare i piedi nella sabbia calda e lasciare che l'affascinante blu del Mar Egeo rilasci ogni stress persistente. Elounda ha spiagge che vanno da quelle completamente attrezzate con cabine e camerieri a calette incontaminate dove potresti essere completamente solo.

- **Montagne e Minoici:** Se desideri scambiare il tuo costume da bagno con scarponi da trekking, i Monti Dikti offrono sentieri, panorami e la possibilità di esplorare aree remote dove la vita tradizionale del villaggio cretese continua così come ha fatto per secoli.

**Dal pesce fresco alla cucina raffinata**

Elounda capisce che il vero lusso si estende al palato. Troverai taverne sul lungomare dove molto probabilmente il pesce nuotava nel mare poche ore prima di arrivare nel tuo piatto. Questi spot informali si concentrano su ingredienti freschi e ricette antiche. Tuttavia, Elounda si rivolge anche a chi ha un gusto per l'avanguardia. I ristoranti che offrono di tutto, dalla raffinata cucina giapponese alla gastronomia molecolare, offrono serate in cui il cibo è tanto una performance artistica quanto un pasto.

**Dove i tuoi sogni dettano il tuo soggiorno**

Elounda riconosce che non esiste un'unica definizione di sistemazione "perfetta". Resort opulenti con piscine private, servizi spa in camera e tratti di spiaggia appartati promettono una fuga dove ogni tuo capriccio è anticipato. Se preferisci l'indipendenza e l'intimità di una villa privata, esistono anche quelle, spesso nascoste tra le colline con viste che sembrano estendersi all'infinito. Anche le pensioni e gli hotel più piccoli di Elounda offrono un livello di servizio personalizzato e comfort che spesso manca nei resort più grandi.

**L'essenza di Elounda**

Elounda non è una destinazione per chi è alla ricerca di una vita notturna senza sosta o di itinerari turistici vorticosi. È un posto dove venire quando desideri un ritmo che ti permetta di rilassarti veramente. Si tratta di soffermarsi su un pranzo piacevole, prendersi del tempo per trovare il tesoro perfetto in una bottega di artigianato locale o semplicemente osservare il modo in cui la luce cambia sull'acqua mentre il sole tramonta verso l'orizzonte. Elounda ci ricorda che a volte il lusso più grande è il dono del tempo e dello spazio per essere semplicemente.

# Siti storici e archeologici

## Palazzo di Cnosso

Nel cuore di Creta, immerso tra uliveti e dolci colline, si trova il Palazzo di Cnosso, un'estesa testimonianza dell'era passata dei Minoici. Questa meraviglia dell'età del bronzo, ampiamente considerata la città più antica d'Europa, offre uno sguardo affascinante su una società che prosperò millenni fa.

**Un centro di potere e civiltà**

Immagina un luogo non solo di potere reale, ma il nucleo pulsante della vita minoica. Il Palazzo di Cnosso fungeva da epicentro per il governo, il commercio, la religione e le arti. La sua storia inizia molto prima delle mura del palazzo stesso, nell'era neolitica intorno al 7000 aC, quando la prima comunità si stabilì sulla collina di Kephala. Nel corso dei secoli, attorno a questo punto centrale si sviluppò una vivace città, aprendo la strada al palazzo che ammiriamo oggi. Nonostante molteplici cicli di distruzione e ricostruzione, Cnosso rimase parte integrante della civiltà minoica fino al crollo finale della società intorno al 1375 a.C.

**Brillantezza architettonica e meraviglie artistiche**
Immagina di camminare tra le rovine di Cnosso. La vastità è accattivante; davanti a te si apre un labirinto di camere, corridoi, scale e cortili interconnessi. Questo vasto complesso su più livelli incarna l'abilità architettonica dei minoici. Il palazzo è un insieme di vari spazi, ciascuno con uno scopo distinto: grandi sale per cerimonie, l'imponente Sala del Trono, lussuosi appartamenti reali, labirintici magazzini che contengono enormi pithoi (recipienti per la conservazione dell'argilla) e persino laboratori dedicati.

In aggiunta allo splendore visivo, i minoici adornarono il loro palazzo con vivaci affreschi, dei quali rimangono frammenti. Questi capolavori raffigurano scene della vita minoica: tori che saltano, ballerini aggraziati, vita marina stilizzata ed eleganti figure impegnate in rituali. L'arte parla non solo della loro abilità ma anche della profonda venerazione che i minoici avevano per la natura e le cerimonie.

**Dove sono nate le leggende**

La mitologia greca permea Cnosso. Forse la cosa più famosa è che questa è l'ambientazione della storia del Minotauro, il mostruoso ibrido imprigionato nell'intricato labirinto del palazzo. Le leggende raccontano del re Minosse, figlio di Zeus, che governava proprio da questo palazzo, e fu qui che il coraggioso Teseo affrontò la bestia. Qui nasce anche la storia di Dedalo, ingegnoso architetto, e di suo figlio Icaro; la loro disperata fuga dall'isola resterà impressa per sempre nell'eredità del palazzo. Che siano reali o immaginari, questi miti evocativi aggiungono uno strato accattivante al significato storico di Cnosso.

**Svelato dalla Vanga dell'Archeologia**

Fu Sir Arthur Evans, un archeologo pioniere, a portare alla luce Cnosso all'inizio del XX secolo. I suoi meticolosi scavi hanno rivelato strati su strati di storia, riportando alla luce questa civiltà perduta da tempo. I manufatti che ha scoperto – strumenti, ceramiche, oggetti rituali, gioielli elaborati – offrono indizi inestimabili su come i minoici vivevano, adoravano e commerciavano attraverso il Mediterraneo.

**Vivi il Palazzo oggi**

Il Palazzo di Cnosso invita gli esploratori moderni a seguire le orme degli antichi. Le rovine si ergono con aria di sfida, sussurrando storie della loro gloria passata. Puoi passeggiare per il vasto cortile, immaginarti davanti alla Sala del Trono esposta alle intemperie e immaginare gli artigiani minoici che un tempo occupavano le officine. Tour migliorati che utilizzano tecnologie di realtà virtuale e aumentata danno ancora più vita alle pietre, riportando i visitatori ai tempi d'oro di questo magnifico palazzo.

**Il dibattito eterno: restauro ed eredità**

Cnosso è sia una testimonianza del passato che un argomento di continua discussione. Alcuni dei restauri di Evans sono considerati controversi, accusati di prendersi troppa libertà creativa nella ricostruzione del palazzo. Tuttavia, queste ricostruzioni aiutano senza dubbio i visitatori a immaginare le dimensioni e la grandiosità di un tempo.

Nel grande arazzo della storia umana, il Palazzo di Cnosso occupa un posto unico e insostituibile. Le sue rovine labirintiche e le storie evocative ispirano stupore e accendono il desiderio di comprendere questa civiltà perduta. Una visita a Cnosso non è solo una passeggiata tra le pietre; è una connessione profonda con gli echi di un mondo che esisteva molto prima del nostro.

## Festo

Immersa nel fertile abbraccio della pianura di Mesara, circondata dalle maestose vette delle montagne cretesi, si trova l'antica città di Festo. Qui, in mezzo al paesaggio soleggiato, aleggiano i sussurri di una civiltà passata, che echeggiano attraverso i secoli. Festo si erge come un orgoglioso monumento ai minoici, un popolo che fiorì millenni fa, plasmando il panorama culturale dell'Europa nella sua infanzia.

## Una città nata dalla terra

La storia di Festo risale molto indietro nel tempo. Le prime tracce di insediamenti umani si trovano nel Neolitico finale, intorno al 3600-3000 a.C. Fu durante l'età del bronzo, dal XX al XV secolo a.C., che Festo raggiunse il suo apice. Divenne una delle città minoiche più potenti, un brillante faro di prosperità che rivaleggiava con il leggendario Cnosso sia in influenza che in splendore. Mentre il dominio minoico diminuiva, lo spirito di Festo sopravviveva, testimoniando l'ascesa dei Micenei e una breve rinascita secoli dopo. Alla fine, l'indipendenza di lunga data della città fu eclissata intorno al 180 a.C., quando la potente città romana di Gortyn la rivendicò come propria.

**Svelata la gloria dell'architettura minoica**
Sebbene le prove suggeriscano un insediamento molto prima, le prime grandi strutture di Festo sorsero intorno al 3000 a.C. Tuttavia, le vere meraviglie architettoniche per le quali Festo è noto – i palazzi tentacolari – iniziarono a prendere forma intorno al 2000 a.C. Il complesso del palazzo originale, costruito nel corso di tre secoli, era una testimonianza dell'ingegno minoico. Coprendo un'imponente superficie di 8.400 metri quadrati, fu eclissato in dimensioni e importanza solo dalla stessa Cnosso. Immaginate la scena: edifici a più piani collegati da grandi corti, l'opulenza degli appartamenti reali, ariosi

colonnati, scalinate intricate e pozzi di luce che illuminano gli spazi interni: questi erano i tratti distintivi dello splendore minoico nella pietra e nella malta.

## I palazzi di Festo

Come molte meraviglie del mondo antico, il palazzo originale di Festo affrontò un'esistenza tumultuosa. Intorno al 1700 a.C., una serie di potenti terremoti scosse l'isola, devastando il complesso. Eppure, davanti alle macerie, i minoici non si lasciarono scoraggiare. Un secondo palazzo, ancora più grandioso, prese rapidamente il suo posto. Questo nuovo simbolo di potere, tragicamente abbattuto anch'esso poco dopo dalle forze sismiche, consolidò lo status di Festo come forza dominante nel sud di Creta, la sua influenza rivaleggiava con quella di Cnosso. Il suo design era meticoloso; la grande corte nordoccidentale (superiore), ritenuta l'ingresso centrale per entrambi i periodi del palazzo, e la straordinaria corte occidentale (teatrale) – con i suoi gradini in pietra in grado di ospitare centinaia di spettatori – parlano di una società che valorizzava sia la cerimonia che lo spettacolo.

**Il disco di Festo**

Tra gli innumerevoli tesori rinvenuti a Festo, uno si distingue: l'enigmatico Disco di Festo. Questo disco di argilla cotta, scoperto nel 1908, è ornato su entrambi i lati da una sconcertante spirale di simboli impressi. Ad oggi, il loro significato e il vero scopo del disco rimangono avvolti nel mistero. Questo affascinante manufatto, testimonianza tangibile di un sistema di scrittura sconosciuto, continua a stuzzicare gli studiosi e ad accendere l'immaginazione di tutti coloro che lo guardano.

**Dove le leggende incontrano la storia**

I racconti della mitologia greca sono intrecciati in modo intricato nel tessuto di Festo. Questa era la leggendaria sede del re Rhadamanthus, saggio figlio di Zeus e fratello del leggendario Minosse. La città viene menzionata nell'Iliade di Omero come una fiorente partecipante alla guerra di Troia. Tali racconti, siano essi ricchi di verità o accattivanti abbellimenti degli antichi, aggiungono uno strato di meraviglia e mistica alle rovine cotte dal sole.

**Incontrare Festo nel presente**

Una visita a Festo non è semplicemente uno sguardo al passato; è un'esperienza viscerale. Sali in cima alle rovine e lascia che il panorama si apra: la fertile pianura di Mesara si estende fino all'orizzonte, incorniciata dalle imponenti vette di Psiloritis, Asterousia e Lasithiotika. Esplora i vasti resti dei palazzi un tempo potenti. Traccia i contorni delle corti, mettiti ai piedi del maestoso Propylon (Propylaion) - la scalinata monumentale - e immagina le vite che si svolgevano tra queste mura.

**Antichi Atteri**

In cima a una collina spazzata dal vento, con la scintillante distesa della baia di Souda disposta come un tappeto di zaffiro al di sotto, l'antica città di Aptera si erge come sentinella. Qui il passato permane, una presenza tangibile tra le pietre consumate dal tempo. Questo era un luogo di potere, ricchezza e una cultura che pulsava della vibrante energia del mondo greco-romano. Viaggiamo attraverso i secoli, rimuovendo gli strati della storia di Aptera e scoprendo i tesori che ancora giacciono in attesa tra le sue rovine.

**Dagli umili inizi alla potenza commerciale**

La storia di Aptera inizia nelle nebbie di un lontano passato, intorno al VII secolo a.C. Fu allora, secondo la leggenda, che le sue fondamenta furono poste su questa collina strategica. Nei secoli successivi la città fiorì, raggiungendo il suo apice in epoca ellenistica. Questo non era un insediamento isolato; i suoi due porti naturali, Minoa e Kisamo, collegavano Aptera alle fiorenti reti commerciali che attraversavano il Mediterraneo. Mercanti, merci e idee fluivano liberamente attraverso queste porte, alimentando la crescita della città e facendola diventare un centro commerciale dominante all'interno di Creta.

Non contenti di fare affidamento esclusivamente sul commercio, i cittadini di Aptera si sono guadagnati una reputazione per la loro abilità sul campo di battaglia. Gli arcieri di Aptera erano molto apprezzati e le loro abilità erano ricercate come mercenari in tutto il mondo conosciuto. Le ricchezze riportate da queste campagne finirono senza dubbio nelle casse della città, arricchendo i suoi abitanti e consentendo la costruzione delle imponenti fortificazioni che vediamo oggi.

**Meraviglie architettoniche**
Immaginate, se volete, una potente città circondata da un muro difensivo che si estende per quasi quattro chilometri. Questa imponente struttura, ancora straordinariamente intatta, testimonia la ricchezza e l'importanza di Aptera. All'interno di queste mura protettive pulsava un vibrante cuore urbano. I visitatori oggi possono meravigliarsi dell'ingegno mostrato nelle vaste cisterne romane; queste meraviglie ingegneristiche assicuravano un abbondante approvvigionamento idrico alla città e ai suoi stabilimenti termali, segno distintivo dello splendore civico romano.

Ma le ricchezze architettoniche di Aptera non finiscono qui. Il suo cuore religioso è stato probabilmente ritrovato nel santuario risalente al V-IV secolo a.C. Scolpite nella roccia viva, le rovine di un teatro evocano immagini di spettacoli vivaci e incontri sociali. E, come ogni città di grande influenza, la vicina necropoli ci ricorda che anche le civiltà più potenti sono soggette al passare del tempo.

**Una città plasmata da fede e leggenda**
Il nome stesso "Aptera" evoca meraviglia, poiché deriva dalla parola greca "apteres", che significa "senza ali". La leggenda narra di una gara canora tra le incantevoli Muse e le seducenti Sirene. Quando le Muse risultarono vittoriose, le Sirene sconfitte persero le loro piume, che diventarono bianche cadendo in mare, formando così i vicini isolotti che ora punteggiano la baia di Suda. Mito e realtà qui si confondono magnificamente, aggiungendo un altro livello di fascino al fascino di Aptera.

La storia di Aptera ha continuato a svolgersi anche dopo il suo periodo di massimo splendore. L'epoca bizantina la vide trasformata; nel XII secolo tra le rovine fu costruito il monastero di San Giovanni il Teologo, i cui resti costituiscono oggi il punto focale del sito archeologico. Aptera fu definitivamente abbandonata nell'823 d.C., dopo che terremoti e attacchi esterni devastarono la città.

Anche in declino, continuò ad attrarre coloro che comprendevano il significato duraturo di questo luogo.

**Un tesoro archeologico attende**
Oggi Aptera è molto più di una collezione di pietre cotte al sole di Creta. Si tratta di uno scavo in corso – un tesoro di conoscenza sul mondo antico. Ogni artefatto portato alla luce sussurra un altro capitolo della storia della città. I progetti di restauro danno nuova vita alle rovine, permettendoci di immaginare meglio la vita che si svolgeva qui secoli fa.

**Scopri la maestosità di Aptera**
Una visita ad Aptera è un'avventura nello spazio e nel tempo. Situato a soli 15 km dalla vivace città di Chania, la posizione elevata del sito offre viste mozzafiato sulla baia di Souda e sulla campagna circostante. Esplora le imponenti fortificazioni, scendi nelle profondità delle cisterne romane e perditi immaginando le vivaci scene del mercato che si sarebbero svolte nel cuore della città.

L'antica Aptera è molto più di una semplice raccolta di meraviglie archeologiche; è un'eco del passato ricco e sfaccettato di Creta. Da roccaforte strategica a vivace città di commercio e fede, a depositaria di miti, Aptera ha ricoperto molti ruoli nel corso dei millenni. Visitarlo è un'occasione per sfiorare la storia, per lasciare che le rovine ti riportino indietro nel tempo, in un tempo in cui gli dei sembravano più vicini e gli echi di una città un tempo potente ancora aleggiavano nell'aria cretese.

## Monastero di Arkadi

Tra le dolci colline e le fertili pianure di Creta, a 23 km dalla storica città di Rethymno, si trova il Monastero di Arkadi. Più che un rifugio spirituale, questo luogo sacro incarna lo spirito di sfida cretese, una testimonianza di un popolo che rifiutava di piegarsi, anche di fronte a difficoltà schiaccianti. Le sue stesse mura sussurrano storie di eroismo, sacrificio e dell'inflessibile desiderio di indipendenza che arde intensamente nell'anima di ogni cretese.

**Dagli umili inizi al faro culturale**

Sebbene le origini esatte del monastero si perdano nella notte dei tempi, molti ritengono che sia sorto in epoca bizantina. Ciò che è certo è che nel XVI secolo era diventato un fiorente centro di vita sia spirituale che intellettuale. Il grande catholicon (chiesa principale), adornato nell'elegante stile barocco veneziano, testimonia sia la fede devota che l'influenza rinascimentale. Ma Arkadi era molto più di un luogo di preghiera. All'interno delle sue mura protettive fiorì un centro di apprendimento e di arte. La sua biblioteca conteneva innumerevoli tesori di conoscenza e gli studenti si riunivano nella sua scuola per essere plasmati dalle grandi menti dell'epoca.

**Una fortezza dello spirito**

La vera bellezza del Monastero di Arkadi non risiede solo nei suoi edifici ma nello spirito duraturo che dimora nelle sue pietre. L'architettura del monastero parla sia di bellezza che di difesa. Le spesse e imponenti mura che circondano il complesso non hanno solo funzione decorativa; simboleggiano un santuario di fede risoluto contro ogni minaccia esterna. I suoi cortili di clausura, i giardini tranquilli e il refettorio dove un tempo i monaci condividevano i pasti dipingono l'immagine di una fiorente comunità. Tuttavia, c'è anche una qualità inflessibile in questo luogo, che si trova nelle cantine, nei magazzini e, cosa più drammatica, nella polveriera della chiesa.

## L'Olocausto di Arkadi

Il capitolo più inquietante e determinante del Monastero di Arkadi si è svolto nel 1866, durante la rivolta cretese contro secoli di occupazione ottomana. Con l'avvicinarsi delle forze turche, quasi un migliaio di greci - un mix ribelle di guerrieri, donne e bambini - cercarono rifugio tra le mura del monastero. Per tre giorni resistettero all'assalto, difendendo valorosamente questo ultimo bastione di libertà. Quando la fine sembrò inevitabile, l'abate del monastero prese una decisione fatale. Piuttosto che arrendersi e affrontare gli orrori della cattura, scelse un percorso più provocatorio. Il caricatore di polvere da sparo fu acceso e l'esplosione risultante costò la vita sia ai difensori che agli assedianti.

Questo atto di sacrificio supremo, noto come Olocausto di Arkadi, divenne un grido di battaglia che echeggiò in tutta l'isola e ben oltre. Dipinse un quadro drammatico della lotta cretese per l'indipendenza, galvanizzando il sostegno internazionale alla loro causa. Sebbene Creta non avrebbe ottenuto la completa libertà se non molti anni dopo, gli eventi di Arkadi accesero un fuoco nello spirito cretese che rifiutò di spegnersi.

**Un luogo di memoria e pellegrinaggio**
Oggi, il Monastero di Arkadi è sia un luogo sacro che un simbolo vibrante. I visitatori possono passeggiare nel complesso monastico ricostruito, esplorando la chiesa in stile veneziano (la sua facciata restaurata drammaticamente dopo l'esplosione del 1866), il commovente ossario e il museo che ospita preziose reliquie e manufatti che raccontano la storia del monastero. Si possono quasi sentire gli echi del passato: le preghiere sussurrate dei monaci, le grida di battaglia e le grida di coloro che hanno scelto una morte di sfida invece della resa.

L'8 novembre è un giorno dal significato speciale, un momento di solenni commemorazioni sia ad Arkadi che a Rethymno. Non si tratta semplicemente di ricordare un evento storico; è una celebrazione di uno spirito indomabile che ancora prospera nel popolo cretese.

## Sito archeologico di Gortina

Nella distesa soleggiata della pianura cretese di Mesara, circondata da uliveti e dolci colline, si trova l'antica città di Gortyna. Questo posto è molto più di una semplice raccolta di pietre stagionate; è una finestra su un mondo ormai scomparso, un arazzo di civiltà che un tempo fiorivano nel suo abbraccio. Da umile villaggio neolitico a centro commerciale minoico, a grande capitale romana, Gortyna ha visto passare millenni e la sua storia è impressa nel paesaggio stesso.

### Una città nata nella preistoria

La storia di Gortyna inizia nelle nebbie del Neolitico, intorno al 3000 a.C. Questi primi coloni scelsero saggiamente questo sito; la fertile pianura e la posizione strategica aprirebbero la strada alla futura prosperità della città. Con l'ascesa della civiltà minoica, Gortina crebbe d'importanza. Non si trattava di un insediamento isolato, ma di un centro ben collegato brulicante di commercianti, artigiani e di coloro che erano attratti dal fascino della vita urbana. L'influenza minoica potrebbe essere diminuita nel tempo, ma ha lasciato un segno indelebile, ponendo le basi per ciò che Gortyna sarebbe diventata alla fine.

**Ascesa di una potenza romana**
Fu durante l'epoca romana che Gortina raggiunse il suo apice. Dal I al V secolo d.C. Gortina detenne il prestigioso titolo di capitale delle province romane di Creta e Cirene (nell'attuale Libia). Immagina il cambiamento: una città che aveva conosciuto palazzi minoici e villaggi tranquilli ora riecheggiava delle cadenze di marcia delle legioni romane. Il trambusto del commercio si espanse; la popolazione della città aumentò e con essa arrivò la necessità di grandi edifici, spazi pubblici e un sofisticato sistema di governo. È da quest'epoca che hanno origine molte delle rovine più iconiche che vediamo oggi.

**Dove la legge e l'ordine regnavano sovrani**

Gortyna non era solo una città di ricchezza e potere, ma anche un faro di innovazione giuridica. Il famoso Codice di Legge di Gortyna, iscritto sulle pareti dell'odeon, un tempo imponente, rimane uno dei documenti legali più completi e illuminanti sopravvissuti dell'antica Grecia. Risalente al VI secolo a.C. circa, questo codice dipinge un quadro vivido della vita quotidiana a Gortina. Diritto di famiglia, eredità, controversie sulla proprietà: le preoccupazioni rispecchiavano quelle delle civiltà successive, ricordandoci i legami condivisi dell'umanità nel corso dei secoli.

**Una città di dei, antica e nuova**

Un altro strato della ricca storia di Gortyna risiede nel suo significato religioso. Le rovine del Tempio di Apollo Pitico parlano di secoli dedicati al culto del dio sole. Le sue fondamenta e l'altare sono ancora visibili, possiamo immaginare i rituali che un tempo si svolgevano qui. Successivamente, l'ascesa del cristianesimo vide la costruzione della grandiosa Basilica di San Tito del VII secolo, una testimonianza del potere duraturo della fede, anche se gli imperi cambiavano e gli dei venivano eclissati da altri.

**Mito e marmo**
Gortina, come tanti altri luoghi del mondo greco, si ritrova intessuta nel tessuto del mito. La leggenda racconta che non lontano dalle mura della città, Europa, principessa della Fenicia, fu sedotta nientemeno che dal potente Zeus travestito da toro. La loro unione sul suolo cretese diede origine alla stirpe di re da cui il leggendario Minosse alla fine rivendicò di discendere. Questo racconto, e innumerevoli altri legati al passato della città, aggiungono un tocco di magia al mondo pragmatico delle rovine e dei manufatti scavati.

**Incontrare Gortyna oggi**
Visitare Gortyna significa camminare sulle orme della storia. Situato a circa 40 minuti a sud di Heraklion, il sito è un tesoro di meraviglie archeologiche. Esplora i resti della grandezza romana, fermati davanti alle mura dell'Odeon dove un tempo venivano proclamate le leggi e perditi nello spazio echeggiante della vasta Basilica.

Intorno al sito si trovano testimonianze del passato e del presente: il leggendario platano dove si dice che Zeus abbia sedotto Europa e gli ulivi secolari che sono stati testimoni di secoli di mutevole potere.

# Attrazioni naturali

## Gole di Samaria

Nel profondo dell'aspro abbraccio delle Montagne Bianche di Creta si trova una meraviglia della natura: la Gola di Samaria. Questo vasto abisso, il più lungo del suo genere in Europa, è più di una semplice formazione geologica; è una testimonianza della forza pura del mondo naturale e un richiamo allettante per coloro che hanno uno spirito avventuroso. Fare un'escursione nella Gola di Samaria significa intraprendere un viaggio alla scoperta, dove paesaggi mozzafiato, scorci di fauna selvatica unica e la pura sfida fisica del sentiero lasciano un segno indimenticabile nell'anima.

### Un paesaggio plasmato dal tempo

La storia delle Gole di Samaria risale a milioni di anni fa. Le forze tettoniche, l'incessante macinazione della terra contro la terra, hanno scolpito questo luogo, lasciando una drammatica cicatrice nel paesaggio cretese. Ma la gola è molto più che semplice roccia e ombra. Nel tempo divenne un santuario. Tra le sue ripide mura si rifugiava la gente durante i periodi di guerra, dall'occupazione turca alla seconda guerra mondiale. Questo rifugio nascosto ha avuto un ruolo nella storia lunga e spesso turbolenta di Creta.

**L'escursione leggendaria**
Oggi le Gole di Samaria sono famose non per il loro ruolo nella guerra, ma come paradiso per gli escursionisti. Il sentiero inizia a Xyloskalo, in alta montagna. Da lì, è una discesa di 16 chilometri attraverso un caleidoscopio di paesaggi. Secolari pini e cipressi lasciano il posto al tratto più stretto e maestoso della gola: le "Porte di Ferro". Qui, le pareti svettanti si chiudono in pochi metri, creando un senso di meraviglia e intimità mentre si attraversa il sentiero tortuoso.

**Santuario della natura**
Sebbene il terreno spettacolare sia l'attrazione principale, le Gole di Samaria sono anche un ecosistema vibrante. Mentre cammini, tieni gli occhi aperti per avvistare l'inafferrabile Kri-Kri, la capra selvatica cretese che vive nel parco. Se visiti in primavera, esplosioni di fiori

selvatici aggiungono un tocco di colore vibrante alla tavolozza terrosa della gola. Il parco è un rifugio per uccelli e altre creature, a ricordare che anche in questo paesaggio aspro, la vita trova il modo di prosperare.

**Aspetti pratici e pianificazione**
Il periodo migliore per vivere la Gola di Samaria è durante le stagioni intermedie: maggio o settembre/ottobre. Il tempo è più clemente e la folla è decisamente inferiore rispetto ai mesi estivi. La gola fa parte di un Parco Nazionale e, come tale, ha date e orari di apertura rispettati per motivi di sicurezza e conservazione. È richiesto un biglietto d'ingresso, poiché i fondi contribuiscono alla conservazione di questo luogo unico.

Intraprendere l'escursione completa non è per i deboli di cuore. Il terreno è spesso roccioso e irregolare e l'intero percorso può durare dalle 5 alle 7 ore. Vieni preparato: stivali robusti, molta acqua, strati di vestiti per le temperature potenzialmente mutevoli e un senso di determinazione sono tutti fondamentali.

**Logistica e premi**

Raggiungere la gola stessa può essere un'avventura. Sono disponibili tour organizzati dalle principali città come Chania, oppure è possibile raggiungere l'inizio del sentiero con una combinazione di autobus o auto. La bellezza dell'escursione alle Gole di Samaria è che è un viaggio di sola andata. Dopo aver raggiunto il villaggio di Agia Roumeli, un traghetto attende gli escursionisti stanchi per trasportarli lungo la costa panoramica fino alle città vicine. Gli alloggi si possono trovare a Omalos vicino all'inizio del sentiero, ad Agia Roumeli o lungo la costa, garantendo un riposo confortevole dopo lo sforzo.

Fare un'escursione alle Gole di Samaria significa molto più che semplicemente raggiungere la fine. Si tratta di respirare l'aria fresca di montagna, sentire il sole sul viso e assistere al silenzioso trionfo della natura in un ambiente selvaggio. È una sfida, sì, ma con ricompense indimenticabili. E mentre ti trovi alla fine del sentiero, con la brezza marina che ti accarezza, provi un senso di realizzazione difficile da eguagliare. Le Gole di Samaria rimarranno nella tua memoria molto tempo dopo che avrai lasciato il suo abbraccio roccioso.

## Laguna di Balos e Gramvousa
### Laguna di Balos

Nascosta all'estremità nordoccidentale di Creta si trova la Laguna di Balos, un luogo dove la natura ha creato uno scenario di bellezza mozzafiato. Non c'è da meravigliarsi che questa fetta di paradiso esotico sia spesso definita la spiaggia più fotografata di Creta. Immagina questo: acqua incredibilmente turchese che luccica in una laguna poco profonda, sabbia bianca incontaminata che si estende per incontrarla e le aspre montagne cretesi che formano uno sfondo drammatico. Balos non è semplicemente una spiaggia; è un'esperienza sensoriale, un luogo dove gli elementi si uniscono in un'armonia indimenticabile.

La laguna stessa è una meraviglia. Le acque sono calde e invitanti, perfette per una piacevole nuotata o un'esplorazione con lo snorkeling. Sotto la superficie si trova un vibrante mondo sottomarino, brulicante di pesci colorati e affascinanti formazioni rocciose. A volte, se sei fortunato, potresti anche intravedere una delle tartarughe marine che frequentano la zona. L'aria trasporta l'odore del sale e la fragranza della macchia selvatica che si aggrappa ai pendii, aggiungendo un'altra dimensione all'esperienza di Balos.

Ma Balos Lagoon è molto più che un bel viso. Fa parte della rete Natura 2000, a testimonianza del suo ecosistema unico e fragile. Piante e uccelli rari chiamano questo luogo casa, a ricordare che la bellezza che vediamo è il risultato di un delicato equilibrio che vale la pena preservare.

**Gramvousa**
A un breve tragitto in barca da Balos si trova un altro gioiello della corona di Creta: l'isola di Gramvousa. Ricco di storia e con un pizzico di mito, Gramvousa è un luogo dove il passato sembra sussurrare da ogni pietra cotta dal sole. Nel suo cuore si erge l'imponente fortezza veneziana, costruita su una scogliera scoscesa nel XVI secolo. Questa non era semplicemente una struttura decorativa; era una roccaforte strategica, i suoi cannoni puntati verso il mare

agitato. Successivamente, durante la Guerra d'indipendenza greca, i ribelli cretesi presero la fortezza, usandola come base contro i loro oppressori ottomani.

Al di là della sua ricca storia, Gramvousa è un'isola di leggende sussurrate. Abbondano le storie sui pirati e sui loro tesori nascosti, sepolti da qualche parte nel suo abbraccio roccioso. Sebbene in queste storie ci sia probabilmente più romanticismo che realtà, aggiungono una nota allettante di avventura al fascino dell'isola.

**Vivere le meraviglie di Balos e Gramvousa**
Per il viaggiatore che ha la fortuna di visitarla, Balos e Gramvousa offrono numerose possibilità. Raggiungere la Laguna di Balos in auto è già di per sé un'avventura; la strada accidentata può mettere alla prova i tuoi nervi ma ti ricompensa con panorami mozzafiato lungo il percorso. Un'opzione più popolare è partecipare a una delle gite in barca che partono dal porto di Kissamos. Ciò offre non solo un viaggio costiero panoramico, ma anche la possibilità di visitare sia Balos che Gramvousa in un solo giorno.

Una volta lì, le scelte sono abbondanti. Trascorri ore prendendo il sole sulla spiaggia incontaminata di Balos o parti alla scoperta dell'antica fortezza di Gramvousa. Ci sono sentieri per coloro che cercano un'escursione moderata e baie e insenature nascoste che attendono coloro che desiderano allontanarsi dai sentieri battuti.

Non importa come trascorri il tuo tempo, queste destinazioni rendono alcune cose assolutamente essenziali: crema solare, molta acqua e, naturalmente, la tua macchina fotografica. Vale la pena catturare i panorami da ogni angolazione. Soprattutto, vieni qui con un senso di rispetto. Sono luoghi protetti, dove la natura e la storia esigono il nostro consapevole apprezzamento.

**Un viaggio da ricordare**
La Laguna di Balos e Gramvousa non sono semplicemente tappe di un itinerario di viaggio; sono esperienze immersive. Che tu sia attratto dalla straordinaria bellezza naturale, dal canto delle sirene della storia o dalla promessa di un'avventura sull'isola, queste gemme cretesi lasceranno un ricordo indelebile. Sono

luoghi in cui il mare turchese e i paesaggi soleggiati sembrano penetrare nella tua anima, lasciandoti cambiato per sempre dalla loro bellezza selvaggia e accattivante.

**Spiaggia di Elafonissi**

Sulla frastagliata costa sud-occidentale di Creta, dove le montagne incontrano il mare, si trova una spiaggia diversa dalle altre: Elafonissi. Questa non è solo un'altra distesa di sabbia e sole; è un luogo dove la natura ha tessuto un arazzo di una bellezza così straordinaria da sembrare quasi un sogno.

La prima cosa che colpisce di Elafonissi è il suo colore. Questa non è la sabbia dorata standard che si trova su così tante spiagge. Qui, il litorale brilla di una delicata sfumatura di rosa. Questa tonalità magica non è un'illusione ma il risultato di un affascinante processo naturale. Piccoli organismi chiamati Foraminiferi, con i loro vivaci gusci rossi, si sono decomposti nel corso dei secoli, i loro frammenti si sono mescolati con la sabbia per creare questo rossore unico.

Oltre la spiaggia stessa si trova qualcosa di ancora più speciale: l'isola di Elafonissi. Una laguna poco profonda e un banco di sabbia la separano dalla terraferma, creando un senso di isolamento ultraterreno. Nelle giuste condizioni, puoi semplicemente attraversare l'acqua fino all'isola, sentendo la sabbia calda sotto i piedi e le onde fresche che ti lambiscono le caviglie. L'isola stessa è una riserva naturale protetta, un rifugio per piante e uccelli rari. Qui prosperano oltre 100 specie uniche di flora, alcune delle quali non possono essere trovate in nessun'altra parte della Terra.

**Un santuario per il mare e la riva**
Elafonissi è un luogo dove sia la terra che il mare sono protetti. È stato designato come parte della rete Natura 2000, sottolineando la sua vitale importanza ecologica. Le acque cristalline pullulano di vita, rendendolo un luogo ideale per lo snorkeling o semplicemente per una piacevole nuotata. E se sei fortunato, potresti anche incontrare una delle tartarughe marine in via di estinzione che nidificano sulle coste incontaminate.

Mentre la spiaggia principale è relativamente frequentata da amanti del sole e da coloro che sono attratti dalle sabbie rosa, c'è spazio per l'avventura per coloro che sono disposti a esplorare. Elafonissi nasconde segreti: baie, insenature e tranquille distese di sabbia attendono coloro che si allontanano dal sentiero principale. Le rocce erose del litorale sono anche il luogo in cui riposano i relitti di navi, tra cui la sfortunata "Imperatrix", una testimonianza sia della bellezza che della natura insidiosa della costa cretese.

**Pianifica la tua fuga a Elafonissi**
Il periodo migliore per vivere la magia di Elafonissi è nelle stagioni intermedie: tarda primavera o inizio autunno. Il clima è ideale ed eviterai la folla che si accalca qui in piena estate. È consigliabile arrivare la mattina presto, indipendentemente dalla stagione, poiché sia il colore rosa della sabbia che la serenità del luogo si sperimentano meglio nelle tranquille ore del mattino.

Elafonissi può essere raggiunta in auto, in autobus o nell'ambito di una visita guidata. Se hai flessibilità, noleggiare un'auto ti dà la libertà di esplorare le parti meno trafficate della costa e goderti i paesaggi mozzafiato al tuo ritmo. Non importa come arrivi, preparati agli elementi: crema solare, cappello e molta acqua sono assolutamente essenziali sotto l'intenso sole cretese.

**Rispetto e responsabilità**
Parte del fascino di Elafonissi risiede nel suo carattere selvaggio. Sebbene sia possibile trovare servizi di base come i lettini, l'attenzione è rivolta alla preservazione della bellezza naturale. Come visitatore, è importante procedere con leggerezza. Rimani sui sentieri segnalati, porta con te i rifiuti e avvicinati alla fauna selvatica con rispetto piuttosto che con curiosità. Questa è la loro casa; siamo semplicemente ospiti privilegiati di trascorrere qualche ora preziosa in mezzo a loro.

## L'altopiano di Lasithi
In alto, nell'abbraccio delle montagne Dikti di Creta, si trova un luogo apparentemente perduto nel tempo: l'altopiano di Lasithi. Questa valle ampia e fertile,

circondata da vette spettacolari, è molto più di un semplice paesaggio scenico. È un luogo dove la terra stessa sembra parlare di secoli passati, di antichi dei e dello spirito duraturo del popolo cretese.

L'altopiano stesso è una meraviglia della geologia. Bacino endoreico, non ha drenaggio naturale al mare. Questo, combinato con il ricco terreno spazzato dalle montagne, ha conferito all'altopiano di Lasithi la sua famosa fertilità. Il clima qui è diverso dalla costa calda e secca. A oltre 800 metri di altitudine, le estati sono piacevolmente miti, mentre gli inverni possono portare una spolverata di neve, trasformando ancora una volta il paesaggio.

Lasithi è un luogo dove il passato sussurra ancora nel vento. Nel suo abbraccio sono stati trovati insediamenti neolitici e la leggenda afferma che sia il luogo di nascita di Zeus, il potente re degli dei. Si dice che la vicina Grotta Dittea, un luogo di straordinaria bellezza e importanza archeologica, abbia protetto il bambino Zeus dal suo padre vendicativo. Questa connessione con la mitologia aggiunge un altro livello al fascino dell'altopiano.

**Mulini a vento e ritmi della vita rurale**

Forse il simbolo più iconico dell'altopiano di Lasithi è il mulino a vento. Queste strutture dalle vele bianche, un tempo se ne contavano migliaia, erano vitali per l'agricoltura della regione. Alimentavano le pompe, estraendo la preziosa acqua dalla terra per nutrire i campi assetati. Sebbene molti mulini a vento siano stati sostituiti dalla tecnologia moderna, ne rimangono ancora un numero significativo, con le vele che girano pigramente nella brezza. Sono un toccante ricordo dell'ingegno e dell'intraprendenza del popolo cretese di fronte al loro ambiente a volte duro.

Intorno all'altopiano, incastonati tra campi e frutteti, si trovano piccoli villaggi dove sopravvive lo stile di vita tradizionale. Tzermiado, il più grande tra loro, vanta un'architettura affascinante e gente amichevole orgogliosa della propria eredità. La vita del villaggio si svolge a un ritmo tranquillo, in netto contrasto con il trambusto delle località costiere. Durante tutto l'anno, festival e celebrazioni riempiono le piazze, mettendo in mostra la musica cretese, la danza e il cibo delizioso e sostanzioso per cui l'isola è famosa.

**Un rifugio per gli amanti della natura**
L'altopiano di Lasithi non è solo un tesoro culturale ma un rifugio per chi ama i luoghi selvaggi. In primavera, i campi esplodono di fiori di campo, aggiungendo un tocco di colore vibrante alla tavolozza terrosa del paesaggio. La zona è anche un habitat ricco di avifauna. Per i più avventurosi, numerosi sentieri si snodano attraverso l'altopiano e su per le colline circostanti, offrendo panorami mozzafiato e la possibilità di incontrare pastori che si prendono cura dei loro greggi.

**Un'esperienza cretese alternativa**
Mentre Creta è famosa per le sue spiagge e le vivaci città marittime, l'altopiano di Lasithi offre un'esperienza completamente diversa. Questo è un luogo per viaggiatori che bramano l'autentico, la tranquillità e ciò che è profondamente radicato nella tradizione. Qui la folla è più rarefatta, il ritmo più lento. I visitatori troveranno un

caloroso benvenuto, poiché l'ospitalità cretese si estende ben oltre la costa.

L'altopiano di Lasithi ricorda l'incredibile diversità che Creta racchiude. Dalle antiche grotte dove si diceva dimorassero gli dei ai campi fertili punteggiati dagli iconici mulini a vento, è un luogo che cattura sia la dura bellezza dell'interno dell'isola che l'intraprendenza della sua gente. Che tu sia un appassionato di storia, un amante della natura o semplicemente qualcuno che desidera un assaggio di Creta fuori dai sentieri battuti, l'Altopiano di Lasithi ha qualcosa di straordinario da offrire.

## Monte Ida e Grotta dell'Ideon
### Monte Ida: dove camminavano gli dei

Sull'isola di Creta, dove le montagne sembrano toccare il cielo, si erge un picco diverso da qualsiasi altro: il Monte Ida, o Psiloritis, come è anche noto. Questa non è semplicemente la vetta più alta di Creta; è un luogo dove l'aria stessa sembra carica di qualcosa di antico, un luogo dove il confine tra mito e realtà si assottiglia.

Nel profondo passato, il Monte Ida era più di un punto di riferimento. Era sacro. Per la dea Rea era un santuario, un luogo in cui proteggere il suo prezioso figlio Zeus dal terribile destino inflitto ai suoi fratelli da suo padre Crono. Gli echi di questa leggenda sembrano riverberare nelle pietre stesse della montagna, un ricordo senza tempo del potere dell'amore materno e del fascino duraturo delle storie che i Greci intessevano sui loro dei.

Ma il Monte Ida è più che uno scenario di miti. È un luogo di immensa bellezza naturale. Stare sulle sue pendici significa osservare l'isola di Creta che si estende come una mappa sottostante: un arazzo di verdi vallate, rigide catene montuose e il blu scintillante del mare circostante. Si dice che nelle giornate limpide si possa vedere fino al Peloponneso e anche alle altre isole delle Cicladi.

**La Grotta dell'Ideone**
Adagiata sulle pendici della sacra Ida si trova la Grotta dell'Ideon. Entrare in questo spazio fresco e buio significa fare un passo indietro attraverso i millenni. Questa non era una semplice dimora; era un santuario, un luogo dove per

secoli il popolo di Creta veniva ad adorare, offrire suppliche e lasciare doni preziosi in onore dei propri dei. La grotta era una parte vitale del loro mondo, un punto fisico di contatto con le forze vaste e inconoscibili che credevano modellassero le loro vite.

La Grotta dell'Ideon ha restituito molti tesori, non di oro e gioielli, ma di conoscenza. Gli scavi archeologici hanno portato alla luce numerose statuette di bronzo, anelli, spille e innumerevoli altri oggetti. Qui è stata trovata anche la doppia ascia, un potente simbolo cretese, che collega questa grotta di montagna alla più ampia rete di credenze minoiche. Questi manufatti sono più che curiosità; dipingono un'immagine di un popolo antico, della loro fede e dei rituali intesi a placare gli dei e assicurarsi buona fortuna.

**Vivere il Monte Ida e la Grotta**
Per il viaggiatore moderno, il Monte Ida e la sua grotta offrono un'avventura indimenticabile. Raggiungere la Grotta Ideon, sia in auto seguita da una breve escursione, sia con un trekking più lungo dal villaggio di Anogia, è

una sfida fisica. Il sentiero può essere ripido, l'aria rarefatta. Ma ad ogni passo i panorami diventano più spettacolari, rendendo lo sforzo più che utile. Ricordiamo però che si tratta di un ambiente montano; le condizioni meteorologiche possono cambiare rapidamente. Vieni preparato con scarpe robuste, strati per il calore e rispetto per la natura imprevedibile degli altopiani cretesi.

La stessa Grotta Ideon ha un'atmosfera innegabile. L'aria è fresca e umida, l'unica luce è quella che filtra dall'apertura naturale molto in alto. Stando qui, è facile immaginare il tremolio delle torce dei tempi passati, il mormorio delle preghiere e la solenne processione dei fedeli che portano doni. Come visitatore, è fondamentale ricordare che questo è un luogo dal significato profondo e duraturo. Trattalo con rispetto e aiutalo a mantenerlo intatto per le generazioni future.

**L'eredità del Monte Ida**
Il Monte Ida, con la Grotta dell'Ideon incastonata nel suo abbraccio, testimonia la miscela unica di bellezza, storia e leggenda che rende Creta un luogo così affascinante da

esplorare. Che tu sia attratto dai miti di Zeus, dal richiamo dei luoghi elevati o dal desiderio di vedere il lato più selvaggio e antico di Creta, questo posto non ti deluderà. È un'esperienza che permane a lungo anche dopo essere scesi nel mondo di tutti i giorni, un ricordo della vastità della storia cretese e del potere senza tempo del mondo naturale.

# Attività ed esperienze

## Escursioni e avventure all'aria aperta

### Escursionismo

Per gli escursionisti, Creta è un paradiso di sentieri. Ci sono le sfide iconiche, come la discesa attraverso le mozzafiato Gole di Samaria. Questa non è una passeggiata nel parco; è una prova di resistenza, ma ti ricompensa con scenari che ti toglieranno il fiato. Per un'esperienza simile con meno folla, la gola di Imbros offre imponenti pareti rocciose e un paesaggio altrettanto drammatico. E per coloro che desiderano la vista e il suono del mare, Agiofarango Gorge ti porta su una spiaggia appartata dopo un'escursione spettacolare, la ricompensa perfetta per la tua fatica.

Se il tuo obiettivo è vedere il maggior numero possibile dei diversi terreni di Creta, il percorso europeo a lunga distanza E4 offre l'odissea definitiva. Questo sentiero attraversa l'intera isola, portandoti dagli alti passi di montagna ai tranquilli villaggi costieri e tutto il resto.

**Le due ruote e il richiamo della pista aperta**

Gli appassionati di mountain bike troveranno a Creta un parco giochi emozionante. Il variegato paesaggio dell'isola offre il mix perfetto di sfide tecniche e meraviglie paesaggistiche. I ciclisti esperti possono mettere alla prova il loro coraggio su discese ripide e salite rocciose, mentre chi cerca un'esperienza più piacevole può trovare sentieri più dolci che si snodano tra gli uliveti e lungo la costa panoramica.

**Arrampicare a Creta**

Creta è il sogno di ogni scalatore. Le scogliere calcaree delle gole e delle montagne offrono una moltitudine di percorsi consolidati, dalle salite per principianti ai percorsi sportivi che metteranno alla prova lo scalatore esperto. La geologia unica dell'isola offre un'esperienza di arrampicata diversa da qualsiasi altra, con buchi, tacche e panorami mozzafiato come ricompensa per aver raggiunto la cima.

**Sport acquatici e vento**

Per coloro che sono attratti dal fascino del mare, la lunga costa di Creta offre infinite possibilità. Le baie tranquille sono ideali per il kayak o lo stand-up paddleboarding, permettendoti di esplorare calette nascoste e grotte marine al tuo ritmo. Se hai voglia di una dose di adrenalina, il windsurf o il kitesurf sulle coste più ventose dell'isola ti faranno battere il cuore. Le brezze affidabili e le splendide acque di Creta ne fanno una mecca per coloro che amano sfruttare la potenza del vento.

**Speleologia e misteri nascosti**

Sotto l'aspro paesaggio cretese si trova un mondo completamente diverso. L'isola è costellata di grotte, alcune grandiose, altre nascoste e intime. Queste non sono solo meraviglie geologiche; molti, come la leggendaria Grotta Ideon sul Monte Ida, hanno un significato profondo nella mitologia e nella storia cretese. Esplorare questi spazi sotterranei è un'opportunità per viaggiare nel cuore dell'isola, sia in senso letterale che figurato.

**Parapendio su Creta**

Se hai sempre sognato di vedere il mondo dalla prospettiva di un uccello, il parapendio a Creta è un'esperienza indimenticabile. I siti di lancio in alta montagna offrono viste panoramiche sul mosaico di paesaggi dell'isola e sul mare color zaffiro sottostante. Con un pilota esperto che ti guida, puoi librarti in termica, godendoti un volo silenzioso ed esaltante che ti lascerà ricordi che dureranno tutta la vita.

**Catturare l'Essenza**

Ovunque ti portino le tue avventure cretesi, non dimenticare la macchina fotografica. Questa è un'isola con opportunità fotografiche dietro ogni angolo. Dai vibranti fiori di campo che ricoprono i prati in primavera al dramma di una tempesta che si abbatte sulle montagne, Creta è una festa visiva per i fotografi naturalisti.

**Una nota sulla preparazione e sul rispetto**

La natura selvaggia cretese, sebbene bellissima, può essere spietata. Prima di intraprendere qualsiasi avventura all'aria aperta, fai le tue ricerche. Controlla le condizioni meteorologiche, conosci la difficoltà del sentiero o del percorso che hai scelto e prepara le valigie di conseguenza. Sono essenziali calzature robuste, molta acqua e strati per le mutevoli temperature montane. E, soprattutto, trattare l'ambiente con rispetto. Segui i sentieri stabiliti, pratica la filosofia "Leave No Trace" e sii consapevole dei fragili ecosistemi che hai il privilegio di esplorare.

## Spiagge e sport acquatici
### Spiagge costruite per i sogni

Quando immagini la spiaggia perfetta, cosa ti viene in mente? Per molti sono le lagune turchesi e le sabbie bianche incontaminate di Balos. Per raggiungere questo luogo leggendario è necessaria una gita in barca o un'escursione gratificante, che ne accrescono il fascino. Se desideri la sabbia rosa e l'acqua calda e poco profonda, Elafonisi non ti deluderà. Si tratta di una spiaggia amata soprattutto dalle famiglie con bambini piccoli che possono sguazzare in tutta sicurezza tra le dolci onde.

Forse un tocco di esotico è più il tuo gusto. In tal caso, Vai Beach, con il suo palmeto diverso da qualsiasi altro in Europa, ti trasporterà completamente in un altro mondo. Oppure cerca la spiaggia di Preveli, dove una rigogliosa valle fluviale incontra il mare in uno straordinario spettacolo di paesaggi contrastanti. Questi sono solo alcuni dei tesori che Creta ha da offrire. Ci sono spiagge nascoste lungo la costa che potrebbero richiedere un po' di esplorazione per essere trovate e, quando lo farai, ti sentirai come se ti fossi imbattuto nel tuo paradiso privato.

**Molto più che prendere il sole**
Naturalmente, le spiagge di Creta offrono la scusa perfetta per semplicemente sdraiarsi al sole, lasciare che il calore penetri nelle ossa e ascoltare il ritmo ipnotico delle onde. Ma per i più irrequieti, il mare offre infiniti modi di giocare. L'isola è una mecca per le immersioni subacquee. Ci sono centri di immersione sparsi in tutta Creta, adatti a tutti, dai principianti curiosi del mondo sottomarino ai subacquei esperti alla ricerca di relitti e grotte nascoste brulicanti di vita marina.

Anche coloro che preferiscono stare al di sopra delle onde possono provare le loro emozioni. I venti forti e affidabili della costa settentrionale di Creta ne hanno fatto un paradiso per il windsurf e il kitesurf. Guardare le vele colorate che si inarcano sull'acqua è uno spettacolo in sé. Ma sentire davvero la forza del vento e gli spruzzi sul viso è un'esperienza indimenticabile.

Se il tuo stile è un'avventura meno adrenalinica, lo stand up paddleboarding o il kayak offrono un modo sereno di esplorare. La quiete di questi sport acquatici ti consente di avvicinarti alla natura, scivolare nelle calette e osservare gli uccelli e talvolta la vita marina nel loro habitat naturale. E ovviamente, per gli amanti del puro divertimento, c'è sempre il brivido di un giro in moto d'acqua o il caos esilarante di rimbalzare sulle onde su una banana boat.

**Divertirsi in modo responsabile**
Sebbene le spiagge di Creta siano innegabilmente belle, sono anche fragili. Molti dei luoghi più speciali fanno parte di aree protette, a ricordare che il turismo su cui

fanno affidamento questi luoghi deve essere sostenibile. Come visitatore, ci sono modi semplici per assicurarti di lasciare le spiagge incontaminate come le hai trovate. Porta con te i tuoi rifiuti, scegli una protezione solare ecologica che non danneggi le barriere coralline e rispetta tutte le chiusure messe in atto per proteggere i siti di riproduzione delle tartarughe o altri habitat sensibili.

## Mercati locali e shopping

### Shopping

Fare shopping a Creta non significa semplicemente acquistare cose; è un'esperienza culturale coinvolgente. Dai vivaci mercati all'aperto dove la tradizione incontra la quotidianità agli eleganti spazi commerciali moderni, l'isola offre agli acquirenti un delizioso mix di vecchio e nuovo. Che tu stia cercando un tesoro artigianale, un assaggio dell'autentica cucina cretese o le ultime novità in fatto di moda greca, troverai sicuramente qualcosa che ti tenterà.

**Mercati tradizionali**

Per comprendere veramente l'esperienza dello shopping cretese, devi visitare uno dei suoi mercati tradizionali. Questi non sono i luoghi sterili e tranquilli che si trovano in molti paesi. Sono un tripudio di immagini, suoni e odori.

A Heraklion, il mercato di Pateles e il mercato di strada del 1866 sono assolutamente da visitare. Questi mercati tentacolari offrono uno sguardo sulla vita quotidiana della città. I venditori vendono di tutto, dai prodotti freschi e spezie profumate all'abbigliamento, articoli per la casa e il più allettante cibo di strada greco. In mezzo al caos organizzato, potresti imbatterti nel souvenir perfetto o avere una conversazione con una persona del posto che ti farà comprendere più a fondo la vita cretese.

Lo storico mercato coperto di Chania è un'esperienza diversa ma non per questo meno incantevole. Ospitato in uno splendido edificio a forma di croce risalente al 1913, è una festa per gli occhi ancor prima di iniziare a curiosare. Qui troverai alcuni dei frutti di mare più freschi dell'isola, formaggi locali, olive e altre prelibatezze esposte in un tripudio di colori. Ma il mercato coperto non è solo cibo. È anche un posto dove trovare tessuti fatti a mano, ceramiche e gli iconici sandali greci in pelle.

Altre città in tutta Creta hanno i propri giorni di mercato. Rethymnon ospita un vasto mercato il giovedì, mentre Agios Nikolaos ed Elounda offrono un assaggio di shopping locale rispettivamente il mercoledì e il venerdì. Questi mercati più piccoli sono spesso i luoghi in cui si può trovare il più forte senso di comunità, poiché acquirenti e venditori si riuniscono per discutere le notizie del giorno insieme ai loro acquisti.

**Esperienze di acquisto moderne**
Per quei momenti in cui si desidera l'aria condizionata e un'esperienza di vendita al dettaglio più prevedibile, Creta dispone anche di centri commerciali e grandi supermercati. Luoghi come il Market Center di Skaleta offrono un mix di articoli locali e marchi riconoscibili, insieme a caffè per quando hai bisogno di una pausa. Le catene di supermercati come Faistos offrono una vasta

gamma di prodotti sotto lo stesso tetto, inclusa la possibilità di scoprire i marchi e i sapori unici che la Grecia ha da offrire.

**I tesori delle boutique**
I negozi e le boutique indipendenti di Creta sono i luoghi in cui troverai le vere gemme. Nelle città e nei paesi di tutta l'isola, cerca gallerie d'arte che espongono il lavoro degli artisti cretesi. Dai pittori agli scultori fino ai ceramisti che lavorano sia in stili tradizionali che contemporanei, queste gallerie offrono la possibilità di portare a casa un pezzo dello spirito creativo di Creta. Le boutique indipendenti offrono di tutto, dall'abbigliamento e gioielli di produzione locale ai marchi di moda greci e internazionali di fascia alta.

**Sapori cretesi da portare a casa**
Nessun giro di shopping a Creta è completo senza una degustazione e un ritorno a casa! – i tesori culinari dell'isola. Supermercati e negozi specializzati offrono il famoso olio d'oliva di Creta, raccolto da alberi che esistono da secoli. Cerca spezie locali, miele e altre

prelibatezze che ti permetteranno di ricreare il gusto di Creta nella tua cucina.

**Suggerimenti per un'autentica esperienza di shopping cretese**

- Nei mercati tradizionali è prevista la contrattazione. Non aver paura di iniziare con un'offerta più bassa e di incontrare il venditore a metà strada, soprattutto se acquisti più articoli.
- Cerca segni di autenticità. Se un articolo dichiara di essere fatto a mano o di provenienza locale, chiedi al venditore quali sono le sue origini.
- Considera gli orari di apertura. I mercati tendono ad aprire presto e chiudere nel primo pomeriggio, mentre negozi e centri commerciali possono rimanere aperti fino a sera.
- Soprattutto, rilassati e goditi l'esperienza! Fare shopping a Creta riguarda tanto le persone e l'atmosfera quanto le cose che acquisti.

## Degustazioni di vini e tour culinari

Creta non è semplicemente un luogo dove prendere il sole ed esplorare antiche rovine, anche se certamente ne ha in abbondanza. È anche una destinazione culinaria di prim'ordine, un luogo dove la terra stessa sembra infondere ad ogni boccone e sorso un carattere unico. I tour enogastronomici cretesi offrono un modo delizioso di sperimentare questa generosità, portandoti dietro le quinte per incontrare viticoltori, agricoltori e chef che sono i custodi delle ricche tradizioni culinarie dell'isola.

## Vigneti ricchi di storia

La storia vinicola di Creta risale a millenni fa. Gli antichi minoici coltivavano l'uva qui e, attraverso secoli di imperi mutevoli, la tradizione non solo è sopravvissuta, ma ha prosperato. Il terroir distintivo dell'isola – la combinazione unica di terreno, clima e topografia – produce vini con sapori che non si trovano da nessun'altra parte. Molte aziende vinicole coltivano ancora vitigni rari e autoctoni, offrendo un assaggio di storia vivente.

Visitare le cantine cretesi significa molto più che semplicemente assaggiare il prodotto finale, anche se questo è sicuramente un punto culminante! Molti tour includono una passeggiata tra i vigneti, dove le viti nodose si aggrappano ai pendii soleggiati. Vedrai in prima persona come l'uva passa dalla pianta alla bottiglia, apprendendo la cura meticolosa che viene posta in ogni annata. E, naturalmente, ci sono le degustazioni stesse. Sotto la guida di uno staff esperto, scoprirai le sottili sfumature dei vini cretesi, dai bianchi aromatici ai rossi robusti e terrosi. Cantine rinomate come Lyrarakis e Douloufakis offrono una panoramica completa degli stili di vino cretesi, mentre le aziende più piccole come Manousakis sono affascinanti per la loro attenzione alle pratiche biologiche e alle varietà uniche.

**Avventure culinarie**
Il vino è solo una parte del panorama gastronomico di Creta. La cucina dell'isola è una pietra angolare della famosa dieta mediterranea, che enfatizza ingredienti freschi e stagionali, sapori decisi e preparazioni semplici

ma profondamente soddisfacenti. I tour culinari aprono una finestra su questo mondo delizioso.

Le lezioni di cucina sono uno dei modi più popolari per sperimentare in prima persona il cibo cretese. Potresti ritrovarti a imparare l'arte di preparare il dakos (una sorta di bruschetta cretese), a padroneggiare gli strati di moussaka o a creare dei perfetti pasticcini ripieni di formaggio o erbe chiamati kalitsounia. Le degustazioni gastronomiche sono un'altra opzione deliziosa, un'occasione per assaggiare la vasta gamma di formaggi locali, olive grondanti di olio profumato e miele cretese, infuso con le erbe selvatiche delle montagne.

Per coloro che vogliono approfondire, i tour possono includere visite alle fattorie e ai mercati locali. Immagina di osservare la produzione del formaggio con latte di pecora fresco o di assaggiare l'olio d'oliva spremuto poche ore prima. I mercati sono una festa per gli occhi e per lo stomaco, un tripudio di prodotti vivaci, pesce appena pescato e l'aroma seducente delle spezie.

**L'ultima esperienza cretese**

Per chi vuole immergersi davvero, i tour enogastronomici combinati offrono un'esperienza senza eguali. Potrebbero durare solo poche ore, un delizioso pomeriggio di degustazione e apprendimento. Oppure potrebbero durare un'intera giornata o più, portandoti dalla vite alla tavola e persino approfondendo l'affascinante storia che ha plasmato la cucina cretese.

**Suggerimenti per l'esploratore culinario**

Ecco alcune cose da tenere a mente per sfruttare al meglio il tuo tour enogastronomico cretese:

- Prenotare in anticipo! I tour, soprattutto alle cantine più famose e durante l'alta stagione, possono riempirsi rapidamente.
- Indossa scarpe comode. Potresti passeggiare tra i vigneti o esplorare mercati affollati.
- Non aver paura di fare domande. Le guide e gli esperti che incontrerai condivideranno con passione le loro conoscenze. Questa è la tua occasione per imparare!

- Ricorda, molte aziende vinicole ti consentono di acquistare i loro prodotti in loco. Se trovi un vino che ami, sarà il souvenir perfetto delle tue avventure cretesi.

## Vita notturna e intrattenimento

Creta non è solo spiagge assolate e antiche rovine, anche se certamente ne ha in abbondanza. Quando escono le stelle, l'isola si trasforma, offrendo una vita notturna tanto varia quanto il suo paesaggio e la sua gente. Che tu sogni di ballare fino all'alba, di sorseggiare un cocktail con il suono delle onde come colonna sonora o di goderti la musica tradizionale cretese in un'accogliente taverna, l'isola ha un'esperienza dopo il tramonto per te.

### La Canea

La bellissima città di Chania è uno studio di contrasti, sia antichi che moderni. Questa dualità si ripercuote nella sua vita notturna. Il centro storico, con i suoi vicoli tortuosi e il porto veneziano, offre un ambiente romantico per una serata fuori. Immagina di sorseggiare raki in un bar sul lungomare mentre le luci brillano sull'acqua, o di trovare una taverna nascosta nel cuore della città vecchia dove la musica si diffonde sul selciato e la gente del posto ti invita a unirti alla loro danza. Per qualcosa di più raffinato, ci sono eleganti ristoranti che servono piatti squisitamente preparati, con terrazze all'aperto che offrono viste magiche della città dopo il tramonto.

**Heraklion: l'impulso urbano**

Heraklion, in quanto capitale di Creta, ha un'atmosfera più cosmopolita, che si estende alla scena della vita notturna. Qui troverai il tipo di discoteche vivaci che attirano folle da tutta l'isola. Se stai cercando musica all'avanguardia e la possibilità di ballare fino alle prime ore del mattino, questo è il posto giusto. Ma Heraklion non significa solo tarda notte. La città vanta anche una vivace scena culturale. Guarda gli spettacoli al Centro culturale e congressuale, dove va in scena di tutto, dai concerti di musica tradizionale alla danza contemporanea. Per un diverso tipo di intrattenimento serale, il cinema Odeon nel Talos Plaza Mall offre i film più recenti, un'alternativa divertente a una serata in città.

**Rethymno: fascino intimo**

Per coloro che cercano qualcosa su scala più piccola, la città di Rethymno offre l'equilibrio perfetto. Ci sono beach club per coloro che vogliono godersi la brezza marina con i loro cocktail, insieme a locali con musica vivace dove la colonna sonora spazia dalle melodie tradizionali cretesi alla rembetika infusa di rock. Ma Rethymno è anche un luogo dove trovare divertimento più tranquillo. Cerca gli accoglienti bar nascosti nelle strade laterali, perfetti per conversare, incontri intimi e fuggire dalla folla.

**Agios Nikolaos: stile e raffinatezza**

La cittadina balneare di Agios Nikolaos ha un'aria chic e sofisticata e la sua vita notturna riflette quel senso di stile. Questo è il posto giusto per lounge bar dal design accattivante dove puoi sorseggiare cocktail sapientemente realizzati mentre ti godi la musica che crea l'atmosfera perfetta. Agios Nikolaos ha anche una fiorente scena artistica, che offre un altro aspetto al suo intrattenimento serale. Partecipa all'inaugurazione di una galleria, curiosa tra i negozi locali alla ricerca di pezzi unici o magari assisti a uno spettacolo che riflette lo spirito creativo della città.

**Malia: dove la festa non si ferma mai**
Se la tua idea di serata perfetta prevede ballare fino a farti male ai piedi e musica che ti fa battere forte il polso, allora Malia è la tua destinazione. Questa città ha la reputazione di mecca delle feste per un motivo. Le feste in spiaggia iniziano nel tardo pomeriggio e continuano fino al sorgere del sole, mentre i leggendari club di Malia sono i luoghi in cui DJ di fama mondiale tengono la pista da ballo gremita. Preparati alla folla, alle luci al neon e a un'energia assolutamente contagiosa.

**Consigli per una notte da ricordare**
- La sicurezza prima di tutto: come per la vita notturna ovunque, è importante essere consapevoli di ciò che ci circonda. Rimani in aree ben illuminate, fai attenzione ai tuoi drink e fai sapere a qualcuno dove stai andando se ti avventuri da solo.

- I trasporti sono importanti: Creta non è costruita attorno al trasporto pubblico che corre tutta la notte. Se soggiorni fuori dalle città principali, prepara un piano per tornare a casa in sicurezza, che si tratti di un autista designato, di un taxi o di organizzare in anticipo un trasporto privato.
- Vestiti per impressionare: se hai intenzione di andare nei club più esclusivi, controlla se c'è un codice di abbigliamento in modo da non essere respinto alla porta.
- Abbraccia il ritmo cretese: mentre alcuni posti si rivolgono alla folla che "festa tutta la notte", l'approccio cretese "siga siga" (lentamente, lentamente) è ancora qualcosa che incontrerai. Inizia la serata con un pasto piacevole e assapora la compagnia degli amici prima di immergerti nella scena notturna.

# Itinerari di viaggio

## Itinerario di 7 giorni

### Giorno 1: Chania – Dove storia e fascino si scontrano

Inizia il tuo viaggio cretese nell'incantevole città di Chania. Il suo centro storico è un labirinto di storia e bellezza, un luogo in cui si intrecciano influenze veneziane, ottomane e moderne cretesi. Perditi nel labirinto di stradine, fiancheggiate da edifici in un arcobaleno di tonalità pastello e accentuate da traboccanti bouganville. L'iconico porto veneziano, con il suo caratteristico faro, ti invita a soffermarti. Fermati per un forte caffè greco in un piccolo bar nascosto sotto un antico arco e osserva lo svolgersi della vita quotidiana della città.

Musei come il Museo Marittimo e il Museo Archeologico offrono una prospettiva più profonda sul ricco passato di Chania. Le mostre qui raccontano storie di marineria, di civiltà in ascesa e in declino e dello spirito duraturo del popolo cretese. Al calare della sera, i ristoranti lungo il porto si animano. Scegli un tavolo in riva al mare e assapora i frutti di mare più freschi insieme ai piatti tradizionali cretesi, il tutto intriso dei sapori dell'isola.

**Giorno 2: Le sabbie rosa di Elafonisi**
Il secondo giorno ti porta in un luogo di bellezza quasi irreale: la spiaggia di Elafonisi. Famosa per la sua sabbia unica dalle sfumature rosa e l'acqua incredibilmente limpida, è il paradiso dei beachcomber. Il viaggio a Elafonisi fa parte dell'esperienza: strade tortuose con panorami che si estendono per chilometri, un ricordo della natura selvaggia che esiste ancora a Creta.

La spiaggia stessa fa parte di una riserva naturale protetta. Guadagna nella laguna poco profonda, sentendo le onde dolci che ti lambiscono le caviglie e lascia che la sabbia unica scivoli tra le dita dei piedi. Esplora le dune e cerca le calette nascoste. Ma Elafonisi non è solo prendere il sole e nuotare; è un paradiso per gli amanti del birdwatching e per coloro che amano osservare gli intricati meccanismi del mondo naturale. Quando il sole cala nel cielo, i colori della spiaggia diventano ancora più magici. Rimani abbastanza a lungo per questo spettacolo, lasciando che la bellezza ultraterrena si imprima nella tua memoria.

**Giorno 3: Laguna di Balos – Una fetta di paradiso**
Un'altra iconica spiaggia cretese ti aspetta il terzo giorno: la Laguna di Balos. Questa volta, raggiungere la tua destinazione richiede uno sforzo maggiore, ma la ricompensa è più che valsa la pena. Il viaggio in sé è mozzafiato, conducendoti attraverso terreni accidentati e offrendo scorci di una costa così blu che sembra dipinta all'orizzonte. Poi, c'è una breve escursione panoramica fino alla laguna stessa.

La prima vista di Balos ti toglierà il fiato. Qui, la sabbia del bianco più puro incontra l'acqua così vibrantemente turchese da sembrare irreale. La laguna poco profonda è perfetta per nuotare e la sensazione di essere circondati da una natura così incontaminata è qualcosa di veramente speciale. Prenditi del tempo per immergerti semplicemente in tutto: il profumo del sale marino, il calore del sole sulla pelle e la sensazione di esserti imbattuto in uno dei tesori segreti della terra.

**Giorno 4: direzione est, con sosta a Rethymno**
Per quanto il lato occidentale di Creta ti tenti a soffermarti, è tempo di continuare il tuo viaggio verso est. Ma prima vi invita a fare una sosta a Rethymno. Questa affascinante cittadina vanta l'imponente Fortezza, una fortezza veneziana a forma di stella che domina l'orizzonte. Perditi nel labirinto di strade della Città Vecchia: un mix di architettura veneziana e ottomana che parla del suo complesso passato.

Da Rethymnon, prosegui verso Heraklion, la vivace capitale di Creta. Questa è più di una semplice città tentacolare; è un posto con un impulso e una personalità tutta sua. Fai una passeggiata serale, lasciando che l'energia del luogo ti travolga. Assapora un po' della rinomata vita notturna di Heraklion, godendoti la musica, la folla e la sensazione che in questa città tutto è possibile.

**Giorno 5: Cnosso e il cuore dei minoici**
Gli appassionati di storia e gli amanti della mitologia troveranno il quinto giorno avvincente, poiché la tua attenzione si rivolge a Cnosso. Questo vasto sito

archeologico era un tempo l'epicentro dell'enigmatica civiltà minoica. Una visita guidata è altamente raccomandata, poiché riporterà le rovine a una vita vibrante. Camminerai lungo i sentieri dove un tempo camminavano re e sacerdotesse, ammirerai i resti di intricati affreschi e forse sentirai il minimo brivido di stupore quando ti troverai davanti al mitico labirinto del Minotauro.

Per immergerti ulteriormente in questo mondo scomparso, trascorri il pomeriggio esplorando il Museo Archeologico di Heraklion. Questo museo di livello mondiale ospita una delle più vaste collezioni di manufatti minoici del mondo. Qui incontrerai gioielli squisiti, frammenti di sculture e oggetti di uso quotidiano che offrono uno sguardo allettante sulla vita di un popolo misterioso e straordinario.

**Giorno 6: un assaggio di vino cretese**
La tradizione vinicola di Creta risale a millenni fa e il sesto giorno è la tua occasione per sperimentare questa deliziosa eredità. Visita una delle tante cantine vicino a Heraklion,

dove vedrai il processo di trasformazione dell'uva nei vini caratteristici dell'isola. Naturalmente la parte migliore è la degustazione! Assaggia varietà uniche di Creta, così come uve più familiari influenzate dal terroir unico dell'isola. Lascia che lo staff esperto ti guidi attraverso l'esperienza, insegnandoti a discernere le sottili sfumature di ogni vino. Molte cantine offrono la possibilità di abbinare la tua degustazione a formaggi locali, pane fresco e olive, creando una festa per tutti i sensi.

**Giorno 7: Matala e lo spirito del sud**
Il tuo ultimo giorno ti porta nel tranquillo villaggio di Matala, nel sud di Creta. Questo ex villaggio di pescatori divenne una tappa iconica del percorso hippie negli anni '60 e conserva ancora un po' di quello spirito bohémien. La spiaggia, con le sue spettacolari scogliere di arenaria, è il luogo perfetto per rilassarsi. Ma Matala è conosciuta soprattutto per le sue grotte. Scavati nelle scogliere in riva al mare, un tempo erano usati come tombe romane. Successivamente divennero le case dei figli dei fiori che accorrevano a Creta. Esplora le grotte, immaginando le vite che sono state vissute nel loro fresco abbraccio.

Prenditi del tempo per riflettere sulla tua avventura cretese. Questa è un'isola a strati: strati di storia, di cultura, di bellezza naturale. Lascia che le esperienze della scorsa settimana penetrino e forse inizia a sognare la tua prossima visita. Perché la verità è che un viaggio a Creta non è mai abbastanza.

## Fughe romantiche
### Giorno 1: Chania – Dove fiorisce il romanticismo

Dal momento in cui arriverai nell'incantevole città di Chania, sentirai il fascino di Creta. Scegli un hotel che rifletta questo spirito romantico, come la Casa Delfino Hotel & Spa. Questa ex dimora veneziana combina il fascino storico con tocchi di lusso, creando un rifugio perfetto per le coppie.

La tua prima serata dovrebbe essere incentrata sulla creazione dell'atmosfera. Fai una piacevole passeggiata lungo il porto veneziano, mano nella mano, mentre la calda luce della sera colora d'oro gli edifici. Fai una pausa per osservare le barche da pesca che galleggiano nell'acqua e la gente del posto che si riunisce per la passeggiata serale. La cena richiede un ristorante sul lungomare con vista. I tavoli si estendono sul vecchio selciato, creando un'atmosfera vivace ma intima. Assapora il pesce fresco cucinato alla perfezione, condividi una bottiglia di vino cretese e lascia che la musica soft del mare sia la tua colonna sonora.

**Giorno 2: Alla scoperta dei tesori nascosti**
Per le coppie che bramano il senso dell'avventura, il secondo giorno promette Seitan Limania Beach. Questa gemma isolata richiede un po' di impegno per essere trovata, ma fa parte della sua magia. L'escursione lungo un ripido sentiero rivela una baia incontaminata con acqua così incredibilmente blu che sembra brillare. Stendi i tuoi asciugamani sulle pietre lisce e lascia che il ritmo dolce delle onde ti avvolga. Questo è un posto per dimenticare il mondo esterno, per nuotare in acque così limpide da poter vedere i pesci sfrecciare sotto la superficie e per stare semplicemente insieme, circondati da una straordinaria bellezza naturale.

In serata, ritorno al centro storico di Chania. Scegli un ristorante come Salis, dove alla cucina cretese viene dato un tocco gourmet. L'ambiente è intimo, il servizio impeccabile e il cibo è una forma d'arte. Condividi i piatti, assapora i sapori e lascia che la conversazione duri a lungo anche dopo aver finito il pasto.

**Giorno 3: Rethymno – Un romanzo rinascimentale**
Oggi viaggio nella pittoresca città di Rethymno. Le influenze veneziane e ottomane sull'architettura creano uno sfondo romantico per una giornata di esplorazione. L'imponente castello Fortezza richiede attenzione; sali in cima per ammirare ampie vedute della città, della costa e delle montagne circostanti. Quindi, perditi nelle strade tortuose della Città Vecchia. Sono progettati a misura d'uomo, avvicinandoti mentre sbirci nei cortili nascosti e scopri boutique affascinanti.

Per cena, cerca Avli Lounge Apartments. Questo ristorante nascosto, ospitato in un'antica dimora veneziana, unisce la buona cucina ad un ambiente davvero unico. I tavoli sono sparsi in un tranquillo cortile, sotto un albero secolare avvolto da lucine. È un luogo dove il tempo sembra rallentare, lasciando spazio solo a voi due e al cibo delizioso nei vostri piatti.

**Giorno 4: Heraklion – Vino, storia e fascino della città**
Raggiungi Heraklion, la vivace capitale di Creta. Per un tocco di lusso, soggiorna al Marina Hotel, dove i comfort moderni incontrano splendide viste sul mare. Oggi è dedicato a concedersi due dei più grandi piaceri di Creta: il vino e la storia. L'azienda vinicola Lyrarakis, situata appena fuori città, offre tour e degustazioni che ti faranno conoscere il carattere unico dei vini cretesi. Passeggia tra le vigne, assaggia le loro varietà distintive e magari acquista una bottiglia come ricordo di un delizioso pomeriggio.

La sera, il ristorante Peskesi è un must. Questa istituzione cretese offre una versione moderna dei piatti tradizionali, in un ambiente elegante, perfetto per un'occasione speciale. La loro enfasi sugli ingredienti freschi e stagionali, segno distintivo della cucina cretese, garantisce che ogni boccone sia un'esperienza.

### Giorno 5: Cnosso e un museo pieno di tesori

Sia gli appassionati di storia che gli amanti della mitologia rimarranno affascinati dal Palazzo di Cnosso. Qui, dove leggenda e archeologia si intersecano, camminerai sulle orme dell'enigmatica civiltà minoica. Assumi una guida per un'esperienza più coinvolgente e lascia che riportino in vita le pietre fatiscenti con storie di re, divinità e del mitico labirinto del Minotauro. Nel pomeriggio, il Museo Archeologico di Heraklion illumina ulteriormente questo mondo scomparso. La collezione di manufatti minoici in mostra è sorprendente, un'opportunità per connettersi a un livello più profondo con la ricca storia dell'isola.

Concludi la giornata con un pasto all'Herb's Garden. La vista da questo ristorante, arroccato sopra il porto, è assolutamente accattivante. Guarda le luci della città prendere vita al calare del crepuscolo e brinda alle meraviglie che avete esplorato insieme.

## Giorno 6: Avventure sull'isola ad Agios Nikolaos e Spinalonga

L'affascinante città costiera di Agios Nikolaos è la tua base per l'avventura di oggi: un viaggio in barca verso l'isola di Spinalonga. Questa piccola isola ha una bellezza inquietante e una storia toccante. Un tempo era un lebbrosario e restano i ruderi del villaggio abbandonato. Mentre vaghi per le strade vuote, non puoi fare a meno di essere commosso dalle storie che sembrano contenere. Goditi il pranzo al ristorante Migomis Piano, affacciato direttamente sul mare, dove i frutti di mare più freschi e la splendida posizione rendono il pasto memorabile.

## Giorno 7: Balos e Gramvousa – Il tuo paradiso personale

Il tuo viaggio cretese sarebbe incompleto senza una visita all'iconica laguna di Balos e all'isola di Gramvousa. Inizia presto, poiché la bellezza di questo luogo attira folle. L'acqua turchese della laguna e l'abbagliante sabbia bianca sfidano ogni descrizione. L'escursione fino alla cima di Gramvousa è ricompensata con viste panoramiche e uno sguardo ai resti di un forte veneziano. Questa è una giornata per esplorare senza fretta, per cercare angoli tranquilli sulla spiaggia e per scattare mille istantanee mentali di scenari indimenticabili. Prepara un pranzo al sacco a base di formaggi cretesi, pane condito con olio d'oliva e frutta locale. Mentre il sole tramonta verso l'orizzonte, stendi la tua coperta sulla sabbia ancora calda e celebra il tuo amore in uno dei posti più belli della terra.

Questo itinerario è solo un punto di partenza, ovviamente. Creta è un'isola dalle infinite possibilità e la perfetta fuga romantica sembra diversa per ogni coppia. Ma con il suo mix di storia, bellezza naturale, cibo delizioso e calorosa ospitalità, Creta ha tutti gli ingredienti per una vacanza che lascerà un segno nei vostri cuori.

## Attività per famiglie

### Giorno 1: La Canea

Chania è il punto di partenza perfetto per la tua vacanza in famiglia cretese. Offre un delizioso mix di storia, fascino e un'atmosfera a misura di bambino. Inizia con una piacevole passeggiata lungo il vecchio porto veneziano.

Lascia che i bambini si stupiscano delle barche che galleggiano nell'acqua e tengano gli occhi aperti per i pellicani che a volte fanno la loro comparsa. Il porto è fiancheggiato da ristoranti e caffè, quindi fai una pausa per un drink fresco e magari una pallina del delizioso gelato cretese. Quindi, avventurati nel labirinto di strade dietro il porto. Questo è un luogo da esplorare senza fretta, con negozi pieni di tesori che sicuramente intrigheranno gli occhi dei giovani e cortili nascosti che invitano a giocare ad acchiapparella.

**Giorno 2: Le sabbie rosa di Elafonissi**
Nessuna vacanza in famiglia a Creta è completa senza una visita alla spiaggia di Elafonissi. Il viaggio è di per sé un'avventura, che si snoda tra dolci colline e offre scorci del mare blu brillante. La spiaggia stessa è una meraviglia naturale. La laguna poco profonda e la sabbia in leggera pendenza lo rendono eccezionalmente sicuro per i bambini piccoli, e l'esclusiva sabbia dalle sfumature rosa li farà convincere di essere finiti in una fiaba. Costruisci castelli di sabbia, raccogli conchiglie e guada le acque incredibilmente limpide. Questo è un giorno in cui

dimenticare gli orari e semplicemente godersi la gioia di stare insieme in un posto bellissimo.

### Giorno 3: Aquaworld – Avventure sottomarine e incontri con i rettili

I bambini che amano gli animali non vorranno perdersi una visita all'Aquaworld Aquarium & Reptile Rescue Center di Hersonissos. Questa affascinante struttura offre uno sguardo ravvicinato su una varietà di vita marina, dai pesci colorati del Mediterraneo all'elegante eleganza degli squali. L'aspetto del salvataggio del loro lavoro aggiunge un'altra dimensione all'esperienza e la possibilità di interagire, ovviamente sotto la supervisione di esperti! – con serpenti e lucertole susciterà sicuramente un interesse permanente per queste creature spesso fraintese.

### Giorno 4: Rethymno – La storia incontra il divertimento in famiglia

La pittoresca cittadina di Rethymno è un luogo dove tutta la famiglia può trovare qualcosa da amare. Il suo centro storico vanta un'affascinante fusione di architettura veneziana e ottomana, creando la sensazione di tornare indietro nel tempo. I bambini adoreranno esplorare le stradine e cercare i "guardiani dei gatti", gatti randagi accuditi dai residenti locali. La Fortezza Veneziana offre viste mozzafiato sulla città e sulla costa, e tanto spazio per far spendere un po' di energia ai bambini più energici. Naturalmente, nessuna giornata fuori porta è completa senza il gelato, e Rethymnon ha moltissimi negozi per soddisfare questa voglia.

**Giorno 5: I Minoici – Dove Storia e Mito si scontrano**
Il Museo Archeologico di Heraklion è una visita imperdibile per le famiglie curiose della ricca storia di Creta. La sua collezione di livello mondiale di manufatti minoici ti trasporterà indietro in una civiltà scomparsa, un luogo di arte intricata, tecnologia avanzata e miti duraturi. Per i bambini, il museo rende facile visualizzare la vita quotidiana in questo mondo antico, con stanze ricostruite, affreschi vivaci e oggetti che faranno loro capire che le persone migliaia di anni fa non erano poi così diverse. Considera l'idea di combinare il museo con una visita al Palazzo di Cnosso, dando vita alle mostre museali tra le rovine archeologiche.

**Giorno 6: Giardini Botanici – Una passeggiata nel lato selvaggio**

Se la tua famiglia ama la vita all'aria aperta, una gita ai Giardini Botanici di Creta sarà un momento culminante. Situati ai piedi delle Montagne Bianche, i giardini offrono la possibilità di esplorare la flora unica dell'isola su sentieri ben curati. I bambini saranno deliziati dal tripudio di colori, profumi insoliti e dalla possibilità di avvistare farfalle, lucertole e persino la capra selvatica cretese se sono fortunati! Il ristorante in loco serve piatti deliziosi provenienti dal giardino stesso, il modo perfetto per concludere la tua avventura.

**Giorno 7: relax in riva al lago a Kournas**

Il tuo ultimo giorno a Creta è dedicato al rallentamento e all'immersione nell'atmosfera dell'isola. Il lago Kournas, l'unico lago d'acqua dolce di Creta, è il luogo perfetto. Noleggia pedalò e trascorri un'ora piacevole esplorando il lago, osservando le tartarughe e le anatre che vivono qui. Prepara un pranzo al sacco con formaggi cretesi, olive e pane fresco e trova un posto all'ombra sotto gli alberi. Se i bambini si sentono energici, ci sono sentieri che circondano il lago, perfetti per una breve escursione con splendidi panorami.

**Suggerimenti per un'avventura familiare cretese di successo**

- Noleggiare un'auto ti dà la flessibilità di esplorare e impostare il tuo ritmo, soprattutto se hai bambini piccoli che potrebbero aver bisogno di pause più frequenti.
- Molte attrazioni offrono sconti per famiglie o biglietti cumulativi, quindi vale la pena informarsi in anticipo.
- Spezza le lunghe giornate con soste per un gelato o una bevanda rinfrescante. L'ospitalità cretese si estende ai bambini e troverai volti amichevoli ovunque tu vada.

Creta è la miscela perfetta per una vacanza in famiglia: offre emozioni, istruzione e, soprattutto, la possibilità di creare ricordi che dureranno tutta la vita. Con spiagge meravigliose, antiche rovine e una cultura che accoglie i bambini, è una destinazione adatta a tutta la famiglia.

# Alloggi

## Hotel e Resort

Per i viaggiatori che desiderano il meglio, Creta offre una selezione di resort che ridefiniscono il significato di lusso. Questi non sono semplicemente posti in cui soggiornare; sono destinazioni a sé stanti. Immagina giardini estesi costellati di piscine scintillanti, spiagge private con sabbia incontaminata e ristoranti dove un pasto è un'esperienza per tutti i sensi. In luoghi come il Creta Maris Resort a Hersonissos o l'Out Of The Blue Resort vicino ad Agia Pelagia, ogni dettaglio è stato curato per creare un senso di naturale eleganza. Le spa con antiche tecniche cretesi calmeranno il tuo corpo e la tua anima, le camere sono paradisi spaziosi dove la vista sul mare è scontata e il servizio è così intuitivo che ogni tuo desiderio sembra essere anticipato.

## Avventure per tutta la famiglia, dal check-in a Lights Out

Creta è un'isola fatta per le famiglie e le sue sistemazioni lo riflettono. Cerca resort che vadano oltre la semplice offerta di piscina e parco giochi. I luoghi veramente adatti alle famiglie dispongono di club per bambini dedicati dove i più piccoli possono fare lavoretti, giocare e formare quel tipo di amicizie durante le vacanze che durano tutta la vita. Le spaziose camere familiari o le suite comunicanti fanno sì che anche dopo una lunga giornata di esplorazione, tutti abbiano spazio per distendersi. Immagina un resort come l'Aquila Rithymna Beach, dove i genitori possono rilassarsi in piscina con un drink in mano, sapendo che i loro figli sono accuditi e si divertono tantissimo. O il Royal Blue Resort, dove mini parchi acquatici e parchi giochi assicurano che nessun bambino pronuncerà mai le parole "mi annoio".

**Romanticismo su un'isola fatto per gli innamorati**
Creta ha un innegabile fascino romantico e alcuni resort sembrano progettati per amplificare quella magia. Se la tua idea di vacanza perfetta include ville appartate con piscine, cene a lume di candela su una terrazza con vista sul mare e farsi coccolare finché tutte le preoccupazioni esterne non si sciolgono, allora Creta ha le risposte. The Domes of Elounda è specializzato in questo tipo di fuga di

lusso. Qui, le coppie possono concentrarsi solo l'una sull'altra, creando ricordi preziosi quanto la vista dell'isola di Spinalonga che scintilla in lontananza. Il Blue Palace Resort & Spa è un altro paradiso per le coppie che cercano privacy, eleganza e un'esperienza indimenticabile.

**Attento al budget non significa noioso**
Una vacanza cretese non deve necessariamente spendere una fortuna. Ci sono molte opzioni per i viaggiatori attenti al budget che offrono comfort e comodità senza sacrificare quello speciale spirito cretese. Gli hotel boutique come il Lato Boutique Hotel a Heraklion offrono camere moderne, spesso in posizioni centrali che ti danno un facile accesso alle attrazioni della città. I complessi di appartamenti come l'Ida Village I&II ti permettono di risparmiare ancora di più con le opzioni con angolo cottura, pur godendo di servizi condivisi come una piscina o la vicinanza alla spiaggia.

**Esperienze uniche come l'isola stessa**
Creta è un luogo in cui la tradizione è ancora forte e alcuni dei suoi hotel e resort lo riflettono. Se sogni di imparare a

cucinare autentici piatti cretesi nella cucina di un villaggio, di addormentarti al suono dei grilli invece che del traffico e di immergerti nella vita rurale, considera il villaggio ecoturistico di Enagron. Questo non è solo un posto dove stare; è un'occasione per connettersi con la vera anima dell'isola. Resort come Mythos Palace Resort & Spa fondono il lusso moderno con elementi del design tradizionale cretese, offrendo agli ospiti il meglio di entrambi i mondi insieme a esperienze culturali e di benessere uniche.

**Trovare la tua oasi sull'isola**
Quando scegli il tuo alloggio a Creta, pensa oltre la semplice stanza in sé. Che tipo di esperienza desideri? È il brusio del lungomare, a pochi passi dalle spiagge e dai ristoranti più famosi? Desideri la tranquillità delle montagne, dove le stelle brillano di notte e il ritmo della vita ti sembra lontano secoli dal mondo che ti sei lasciato alle spalle? La tua giornata ideale termina con un trattamento termale ispirato a tecniche antiche o con un pasto chiassoso in una taverna a conduzione familiare?

Creta è un'isola di contrasti. L'hotel o resort perfetto per te sarà quello che si allinea alla tua visione della perfetta vacanza cretese. Che tu sogni un lusso sfrenato, un divertimento incentrato sulla famiglia, una fuga romantica o qualcosa di assolutamente unico, Creta ha un posto che ti accoglierà in un modo che solo la gente di questa straordinaria isola può fare.

## Bed and Breakfast.
### Fuggi dall'ordinario a Villa Dio Petres

Se la serenità è ciò che brami, Villa Dio Petres è molto più di un semplice posto dove stare; è un'esperienza Immerso tra le dolci colline vicino al villaggio di Kroustas, questo B&B offre panorami mozzafiato che si estendono dalle montagne fino al mare scintillante. Immaginate mattine trascorse a sorseggiare un caffè sul vostro balcone privato, ascoltando il canto degli uccelli, e serate in cui le stelle sembrano abbastanza vicine da poterle toccare. Qui, le camere spaziose sono arredate con cura, con quel tipo di dettagli che ti fanno sentire coccolato senza pretese. Questo eccezionale B&B si è guadagnato un punteggio quasi perfetto da parte degli ospiti che ritornano più e più volte per la tranquillità e il genuino calore dell'accoglienza.

**Monastiriako**

Per un assaggio dell'autentica ospitalità cretese con un tocco moderno, considera Monastiriako. Questo affascinante B&B offre tutto ciò di cui hai bisogno per sentirti rilassato come a casa: camere climatizzate, comfort moderni e persino la possibilità di servizi di bellezza in loco per una dose extra di coccole. Le strutture della cucina in comune sono perfette per coloro che amano la flessibilità di preparare i propri pasti con ingredienti freschi cretesi. Ma forse ciò che distingue Monastiriako sono i punti di vista. Immagina di svegliarti ogni mattina con la vista delle montagne, un ricordo dell'aspra bellezza dell'isola. Monastiriako guadagna costantemente recensioni entusiastiche da parte degli ospiti, rendendolo una scelta intelligente per il viaggiatore esigente.

**Spazio per distendersi nella maisonette con vista sul mare**

Viaggi con la famiglia o un gruppo di amici? La Maisonette Sea View a Chania offre i comfort di casa in uno splendido ambiente cretese. Questa spaziosa sistemazione vanta una terrazza con vista sul mare scintillante, una cucina completamente attrezzata per creare pasti semplici o elaborati a piacere e più camere da letto per garantire a tutti un buon riposo notturno. Immagina di iniziare le tue giornate con la colazione su quella terrazza, con la brezza marina che porta con sé il profumo del sale e dei fiori di campo. Nella Sea View Maisonette è facile adattarsi al ritmo rilassato della vita isolana pur avendo ampio spazio per distendersi.

**A pochi passi dal mare ad Avra**

A volte, la vacanza perfetta significa essere il più vicino possibile alla spiaggia. Se suona come te, Avra è la tua risposta. Situato a pochi passi dalle rive sabbiose di Agia Galini, questo B&B offre tutto il necessario per una fuga soleggiata. Le camere sono dotate di aria condizionata, garantendo un sonno confortevole anche nella calura estiva. I balconi con vista sul Mar Libico ti permettono di addormentarti ascoltando il suono delle onde. Ma ciò che distingue veramente Avra è il calore dell'accoglienza: gli ospiti spesso se ne vanno sentendosi come in famiglia.

**Psaropoula – Sulla spiaggia e conveniente**
L'incantevole B&B di Psaropoula dimostra che puoi goderti una posizione fronte mare a Creta senza spendere una fortuna. Situato direttamente sulla spiaggia di Bali, Psaropoula offre camere con balconi che si aprono direttamente su panorami mozzafiato del Mar di Creta. Immagina di svegliarti ogni mattina alla vista del sole che sorge sull'acqua e di trascorrere le tue giornate crogiolandoti al calore del sole greco. Le camere con WiFi gratuito ti permettono di rimanere connesso se lo desideri, o semplicemente di staccare la spina e lasciare che il ritmo delle onde sia la tua colonna sonora.

**Comfort semplici e vista sulle montagne presso Aris Rooms**
Se il tuo sogno cretese include escursioni, esplorazione dei villaggi dell'entroterra dell'isola e scoperta del lato più

selvaggio del paesaggio, Aris Rooms potrebbe essere la base perfetta. Questo B&B offre camere semplici e confortevoli a un prezzo conveniente, rendendolo una scelta intelligente per i viaggiatori con un budget limitato. La vera attrazione qui, però, sono i punti di vista. I balconi si aprono sulla vista del monte Psiloritis, un ricordo del cuore selvaggio di Creta. Questo è un posto per coloro che cercano esperienze autentiche e apprezzano la calda ospitalità rispetto ai fronzoli.

**...E molti altri!**
Questo è solo un assaggio dei meravigliosi B&B sparsi per tutta Creta. Che tu sogni un posto con piscina e vista panoramica come Villa Koutsakis, un posto a conduzione familiare dove ti sentirai accolto come un vecchio amico, come Bicorna, o una location fronte mare con un'atmosfera vivace, come Poco Loco, l'isola ha qualcosa per tutti.

Quando scegli un B&B a Creta, considera queste domande:
- Che tipo di luogo ti parla? Sulla spiaggia, in un rifugio di montagna o immerso nel cuore di una città storica?
- Sono importanti per te servizi come una piscina o un ristorante in loco?
- Preferisci un B&B più intimo, con poche camere, oppure uno dall'atmosfera più vivace e mondana?

## Case vacanze
### Beatitudine sulla spiaggia
Se la tua idea di vacanza perfetta prevede piedi sabbiosi, il profumo del mare e addormentarsi al suono delle onde, allora una villa sulla spiaggia a Creta potrebbe essere la tua risposta. Immagina una villa tentacolare con una piscina scintillante, terrazze soleggiate e un cancello che si apre direttamente sulla spiaggia. Questo è il tipo di posto in cui le giornate scorrono senza soluzione di continuità, dalle piacevoli colazioni nel patio alla costruzione di castelli di sabbia con i bambini fino alle romantiche passeggiate al tramonto. Le ville sulla

spiaggia sono perfette per i gruppi, che si tratti della tua famiglia o di una riunione di amici. Offrono ampio spazio, completa privacy e il tipo di luogo di cui sono fatti i sogni.

**Vita in città, stile cretese**
Per coloro che desiderano il battito della vita urbana, con storia, cultura e cibo fantastico tutti facilmente raggiungibili, un appartamento in città è la scelta perfetta. Nel centro storico di Chania, potresti trovare un appartamento nascosto in un edificio secolare, con un balcone che si affaccia sul vivace mercato. A Heraklion, un moderno appartamento con ampie viste sulla città ti mette a pochi passi da musei, negozi e dal vivace lungomare. Gli appartamenti in città sono ideali per coppie o viaggiatori singoli che desiderano immergersi nell'esperienza urbana cretese.

**Vivi la vera Creta in una casa tradizionale**
Se sei il tipo di viaggiatore che ama uscire dai sentieri battuti e vivere un posto come lo fa la gente del posto, allora una casa tradizionale cretese potrebbe essere il tuo affitto ideale. Queste case, spesso situate in villaggi

annidati sulle colline o lungo tranquilli tratti di costa, sono ricche di storia e carattere. Immagina di svegliarti con il profumo dei fiori di campo, di camminare fino alla piazza del paese per prendere pane fresco e un forte caffè greco e di trascorrere le serate sotto un baldacchino di stelle in un cortile pieno di fiori. Le case tradizionali offrono la possibilità di rallentare e connettersi con i ritmi semplici della vita isolana.

**Avventure in montagna e fascino rustico**
L'aspro entroterra di Creta è il paradiso degli escursionisti, costellato di villaggi tranquilli e paesaggi mozzafiato. Se esplorare sentieri di montagna, respirare il profumo delle erbe selvatiche e scoprire cascate nascoste sembra la tua vacanza perfetta, un rifugio in montagna potrebbe essere la base di partenza ideale. Questi affitti vanno da semplici cottage rustici a opzioni più lussuose con piscine e viste panoramiche. I rifugi in montagna sono perfetti per viaggiatori attivi, amanti della natura e chiunque cerchi una pausa dalla folla e dal rumore della vita moderna.

**Noleggio di resort**

Se il tuo stile di vacanza prevede che tutto sia curato per te, prendi in considerazione un affitto in uno dei lussuosi resort di Creta. Questi affitti ti daranno comunque la privacy e lo spazio del tuo alloggio, ma con l'ulteriore vantaggio dell'accesso ai servizi del resort. Immagina di tornare da una giornata di esplorazione per rilassarti presso la piscina del resort, concederti un trattamento spa o goderti un pasto gourmet senza dover lasciare la proprietà. Gli affitti di resort sono una scelta eccellente per coloro che desiderano la flessibilità di una casa vacanza con i vantaggi di un resort di fascia alta.

**Soggiorni economici**

Non lasciare che un budget limitato ti scoraggi dal realizzare il tuo sogno di una vacanza a Creta. L'isola offre numerose case vacanze a prezzi accessibili che offrono comfort e comodità senza spendere una fortuna. Prendi in considerazione un piccolo monolocale in una città meno turistica, con tutto l'essenziale di cui hai bisogno per un soggiorno confortevole. Oppure opta per un affitto condiviso, dove avrai la tua stanza e l'accesso alle aree comuni come la cucina. Queste opzioni sono anche un ottimo modo per incontrare altri viaggiatori e magari ottenere alcuni consigli utili sui posti migliori dove mangiare ed esplorare.

**Soggiorni Unici per Ricordi Indimenticabili**
Creta è un'isola piena di sorprese e le sue case vacanze lo riflettono. Per un'esperienza davvero speciale, prendi in considerazione un mulino a vento ristrutturato con stanze accoglienti e circolari e viste che si estendono per chilometri. Oppure, cerca una dimora storica che è stata restaurata con cura, circondata da antichi uliveti e che offre un assaggio della vita com'era secoli fa. I lodge ecologici annidati ai piedi delle colline ti consentono di ridurre al minimo l'impatto ambientale e allo stesso tempo di connetterti con la bellezza naturale dell'isola.

**Suggerimenti per trovare il tuo noleggio cretese perfetto**

- Piattaforme popolari come Airbnb e Vrbo offrono una vasta selezione di case vacanze a Creta, con la possibilità di filtrare per posizione, prezzo, servizi e altro ancora.

- Considera l'idea di contattare gli agenti immobiliari locali o di navigare nei loro siti web. Potrebbero avere elenchi non trovati sulle piattaforme più grandi.

- Non aver paura di fare domande! Informati su aspetti come la distanza dalla spiaggia, i livelli di rumore e la disponibilità dei trasporti pubblici se non hai intenzione di noleggiare un'auto.

**Raccomandazioni specifiche per iniziare**

- Per un'esperienza davvero lussuosa con viste mozzafiato, prendi in considerazione il Maliades Panoramica View Apartment.

- Se la comodità è fondamentale, i George Airport Apartments offrono una posizione privilegiata e ottime valutazioni da parte degli ospiti.

## Opzioni di campeggio

Se la tua idea di vacanza perfetta prevede di dormire sotto un baldacchino di stelle, svegliarti al suono del canto degli uccelli e avere la natura come parco giochi, allora il campeggio a Creta potrebbe essere la tua risposta. L'isola offre una gamma davvero diversificata di campeggi per soddisfare ogni gusto e stile di avventura. Immagina di montare la tenda a pochi passi da una spiaggia sabbiosa e di addormentarti al suono delle onde. Oppure immagina l'emozione di trovare un luogo appartato in montagna, dove i panorami si estendono per chilometri e ti senti un mondo lontano dal caos della vita moderna. I campeggi di Creta spaziano da quelli ben attrezzati con tutti i comfort di cui potresti aver bisogno, a quelli più semplici che ti permettono di abbracciare veramente il cuore selvaggio dell'isola.

## Campeggio Mithimna

Per un'esperienza di campeggio confortevole con paesaggi mozzafiato, non cercare oltre il Camping Mithimna. Situato a Drapanias, questo spazioso campeggio offre di tutto, dai posti all'ombra per piantare la tenda, alle camere e agli appartamenti completamente attrezzati per coloro che preferiscono qualche comfort in più. Con viste panoramiche sul Golfo di Kastelli e sulle montagne circostanti, ti sveglierai ogni mattina con una vista che ti toglie il fiato. Strutture pulite, un minimarket per le forniture e un ristorante in loco che serve deliziosi piatti cretesi ti assicurano tutto il necessario per un soggiorno piacevole. E per quei giorni in cui desideri una nuova avventura, il Camping Mithimna offre anche tour organizzati a luoghi di interesse come Elafonisi, Gramvousa e le maestose Gole di Samaria.

**Il campeggio Elisabetta**

Se il tuo obiettivo principale è avere la spiaggia come giardino, il Camping Elizabeth offre una posizione ideale. A soli 10 metri dalla sabbia della spiaggia di Mysiria e con facile accesso alla vivace cittadina di Rethymno, questo campeggio è un'ottima scelta per coloro che desiderano la flessibilità del campeggio con alcuni dei comfort della civiltà nelle vicinanze. Per coloro che desiderano un po' più di spazio sono disponibili sistemazioni climatizzate con patio, mentre i campeggiatori possono scegliere tra posti con angolo cottura privato o accesso ai servizi condivisi. Una taverna, uno snack bar e la connessione Wi-Fi gratuita in tutta la struttura aggiungono ulteriore comodità, e le specialità greche fatte in casa servite nella taverna sono un modo delizioso di provare la cucina cretese.

**Il campeggio Creta**
Le famiglie troveranno tutto ciò di cui hanno bisogno per una vacanza indimenticabile al Creta Camping. Situato proprio su una lunga spiaggia sabbiosa a Gouves, questo campeggio punta sul divertimento al sole. L'acqua bassa rende la spiaggia sicura anche per i nuotatori più piccoli e, con un ristorante, un minimarket e un bar sulla spiaggia in loco, non dovrai avventurarti lontano per le cose essenziali. Un parco giochi per bambini assicura che i bambini si divertano, e il WiFi gratuito significa che puoi condividere quei momenti di vacanza perfetti (o vantarti un po' con chi è a casa!). La vicinanza all'Acquario di Creta e alla vivace città di Heraklion significa che, anche

se desideri un cambio di ritmo rispetto alla vita da spiaggia, c'è molto da esplorare nelle vicinanze.

**Campeggio Agia Galini**

Per avere la possibilità di sperimentare la rinomata ospitalità del sud di Creta, prendi in considerazione il Camping Agia Galini No Problem AE. Questo campeggio offre un'atmosfera accogliente e i servizi essenziali di cui avrai bisogno per un soggiorno confortevole. È anche situato in una posizione ideale per esplorare questa bellissima parte dell'isola. La stessa Agia Galini è una cittadina pittoresca con molto da offrire ai visitatori, e il campeggio offre una base di partenza perfetta per partire per gite di un giorno alla scoperta di spiagge nascoste, villaggi di montagna e antiche rovine.

**Altre gemme del campeggio cretese**

- Camping Grammeno Paleochora: Le splendide spiagge e l'atmosfera rilassata del sud-ovest di Creta ti aspettano in questo campeggio.

- Camping Koutsounari: se desideri un posto appartato lontano dalla folla, considera questo tranquillo campeggio vicino a Ierapetra.
- Camping Nopigia e Camping Sissi: entrambe fantastiche scelte per le famiglie e per coloro che sono attratti dalla parte orientale di Creta.

**Suggerimenti per il campeggio a Creta**

- **Prenotare in anticipo!** Soprattutto durante l'alta stagione, i campeggi più famosi si riempiono rapidamente. Non lasciare tutto all'ultimo minuto se hai in mente un sito particolare.
- **Considera il periodo dell'anno.** Il clima di Creta è mite, ma campeggiare in montagna può fare freddo di notte, anche nei mesi estivi. Prepara le valigie di conseguenza.
- **Rispettare l'ambiente.** La bellezza naturale di Creta è uno dei suoi più grandi tesori. Metti in pratica i principi Leave No Trace e smaltisci i rifiuti in modo responsabile.

# Cenare fuori

## Ristoranti tradizionali cretesi

**Ntounias**

Nel tranquillo villaggio di Drakona, Ntounias testimonia il potere duraturo dell'antica cucina cretese. Entrare sembra meno come entrare in un ristorante e più come essere accolti in una casa di famiglia. L'ambiente è rustico, con un camino scoppiettante e pareti di pietra dai toni caldi. Ma ciò che distingue veramente Ntounias è il suo impegno nell'utilizzare gli ingredienti più freschi possibili, molti dei quali coltivati nei propri orti. I piatti qui sono preparati con pazienza, come il succulento agnello con stamnagathi (verdure selvatiche cretesi) o i dakos, fette biscottate d'orzo ricoperte di pomodori maturati al sole e formaggio salato. Ogni boccone è un assaggio della campagna cretese.

**OK Ristorante**

Il centro storico di Chania è un luogo dove il passato permane nelle strade strette e l'architettura sussurra di imperi. Il ristorante Tamam, ospitato in un ex bagno turco, incarna questo spirito di fusione tra vecchio e nuovo. L'interno è accogliente e invitante, l'ambiente perfetto per assaggiare una vasta gamma di piatti meze. Foglie di vite ripiene, polpo grigliato affumicato e gustose salsicce cretesi arrivano al tavolo, ogni boccone è un'esplosione di sapore. Le porzioni sono abbondanti, gli ingredienti di altissima qualità, proprio come ci si aspetta in un luogo dove l'ospitalità è un'antica tradizione.

**Il pozzo del turco**
Anch'esso annidato nelle labirintiche strade del centro storico di Chania, Il Pozzo del Turco offre un'esperienza culinaria che riflette la posizione unica di Creta al crocevia di culture. Immagina un vicolo pittoresco, tavoli sparsi all'ombra di viti in fiore e l'aroma delle spezie che si mescola con l'aria del mare. Qui, i piatti classici di Creta acquisiscono una dimensione extra con sottili sentori di sapori mediorientali. Moussaka, pastitsio e carni sapientemente grigliate assumono nuovi livelli di complessità. Questa non è semplicemente una cena; ricorda le numerose influenze che hanno plasmato la vivace cucina cretese.

**A Stachi**

Per coloro che credono che il cibo a base vegetale possa essere altrettanto saporito e soddisfacente quanto i piatti a base di carne, To Stachi è una rivelazione. Situato a Chania, questo accogliente ristorante è specializzato in meze vegetariani e vegani. L'enfasi qui è sugli ingredienti locali e biologici, trasformati in piatti che delizieranno anche i carnivori più accaniti. Pensa alla purea vellutata di fave, alle insalate piccanti di barbabietola e alla pasta fatta a mano adornata con profumate erbe selvatiche. To Stachi dimostra che la cucina cretese può essere allo stesso tempo salutare e incredibilmente deliziosa.

**Peskesi**

Peskesi di Heraklion è un ristorante che onora le tradizioni culinarie cretesi abbracciando l'innovazione. Gli interni sono eleganti ma invitanti, una miscela di design contemporaneo e accenni al patrimonio dell'isola. Questo senso di fondere il meglio del vecchio e del nuovo si ripercuote nel loro menu. Troverai piatti antichi come la capra cotta lentamente e il maiale affumicato, ciascuno preparato con cura meticolosa e un occhio verso l'evidenziazione dei sapori intrinseci degli ingredienti. Ma scoprirai anche colpi di scena inaspettati, presentazioni che elevano ciò che è familiare a qualcosa di veramente speciale.

**Altri tesori da scoprire**

- Ladokolla a Rethymno: dove le carni alla griglia avvolte nella carta e un'atmosfera rilassata costituiscono l'abbinamento perfetto.
- Prima Plora, sempre a Rethymno: pesce fresco, viste mozzafiato sulla Fortezza Veneziana e un pizzico di romanticismo in ogni pasto.
- Ferryman Taverna a Elounda: decenni di esperienza, un'atmosfera a conduzione familiare e piatti tradizionali preparati alla perfezione.

**L'esperienza culinaria cretese**
Mangiare in un ristorante tradizionale cretese non riguarda solo il cibo, anche se questo da solo vale il viaggio. Riguarda il calore dell'accoglienza, la generosità delle porzioni e la sensazione di non essere solo un cliente ma

un ospite. Non aver paura di chiedere consigli e sii pronto a indugiare: un buon pasto a Creta non deve essere affrettato. E, naturalmente, nessun pasto è completo senza un bicchiere (o due!) di raki, lo spirito cretese ardente come l'anima dell'isola. E non dimenticare di lasciare spazio al dessert: la kalitsounia dolce ripiena di formaggio o i loukoumades dolci e appiccicosi conditi con miele sono il finale perfetto per una festa cretese.

**Cucina internazionale**

I secoli del dominio ottomano hanno lasciato un segno delizioso nella cucina cretese. Nel centro storico di Chania, nascosto in un vicolo pittoresco, Il Pozzo del Turco celebra questa eredità culinaria. Qui troverai i sapori familiari della moussaka e del pastitsio infusi con spezie e tecniche sottili che suggeriscono la vicinanza della Turchia. Ma per coloro che cercano un assaggio del passato, offrono anche una versione vegetariana della moussaka che riflette l'influenza dei giorni senza carne del calendario ortodosso sulla cucina tradizionale cretese.

**Le spezie messicane colpiscono la costa cretese**

Per una vibrante esplosione di sapori che ti trasporterà dall'altra parte del mondo, dirigiti a Matzenta Kouzina del Sol. Questa gemma nascosta a Chania è specializzata nell'autentica cucina messicana con un'enfasi sugli ingredienti freschi e locali. Anche se può sembrare inaspettato trovare tacos perfetti e salse piccanti su un'isola greca, i prodotti cretesi si prestano magnificamente a questi piatti audaci. Immagina un guacamole fatto con i famosi avocado cremosi dell'isola o dei burrito ripieni di gamberetti grigliati pescati quella mattina. E con una selezione di birre locali e importate, c'è l'abbinamento perfetto per ogni palato.

**Più messicano a Heraklion**

Se ti trovi a Heraklion con una voglia matta di sapori del sud del confine, The Home Etnico Bistro Bar è la tua destinazione. Questo luogo colorato offre piatti classici messicani come tacos, nachos ed enchiladas. Ma parte del divertimento è scoprire come cambiano quei piatti familiari se preparati con la sensibilità cretese. Pensa ai tacos di pesce fresco con un filo di olio d'oliva locale o a un contorno di formaggio cretese piccante per accompagnare patatine e salsa.

**L'Italia, con un tocco cretese**
Il ristorante Agrilia di Rethymno è una scelta fantastica per chi ama la cucina italiana ma desidera comunque un assaggio dell'isola. Inizia con insalate croccanti e pizze perfettamente preparate, quindi concediti piatti di pasta in porzioni generose. Ma la vera attrazione qui potrebbero essere i piatti fusion, dove la classica cucina italiana incontra il meglio di Creta. Magari un risotto ai gamberetti preparato con riso locale e aromatizzato con erbe selvatiche cretesi, o calamari grigliati con un filo di aceto balsamico invecchiato insieme a una salsa piccante a base di pomodoro. Con la sua posizione fronte mare e l'atmosfera ventilata, Agrilia è l'ideale per un pasto rilassante a qualsiasi ora del giorno.

**Alana**
Sempre a Rethymno, Alana è assolutamente da provare per i buongustai avventurosi che apprezzano la creatività culinaria. Il loro obiettivo è prendere gli ingredienti e i

sapori familiari di Creta e reinventarli attraverso una lente contemporanea. Non si tratta di abbandonare la tradizione, ma di onorarla trovando modi nuovi ed entusiasmanti per mostrare la generosità culinaria dell'isola. Il menu cambia stagionalmente, assicurandoti sempre qualcosa di inaspettato. Ma una cosa rimane costante: l'impegno di Alana per un servizio eccellente e un'esperienza culinaria sofisticata.

**Le spezie dell'India a Creta**
Per quelle sere in cui brami la complessa fragranza del curry, il calore dello zenzero e il tocco infuocato dei peperoncini, Raftis è la tua risposta. Anche se ormai i ristoranti indiani si trovano nelle città di tutto il mondo, c'è qualcosa di speciale nello scoprire questa cucina nel cuore del Mediterraneo. Gli chef di Raftis usano le loro abilità per trasportarti in un altro posto: un luogo di pollo tikka masala riccamente speziato, cremoso saag paneer e soffice riso basmati. L'atmosfera intima e la calorosa accoglienza lo rendono il luogo perfetto per riunirsi con gli amici per una notte di esplorazione culinaria.

## Cibo da strada e snack

### Gyros e Souvlaki: classici greci perfezionati

È impossibile parlare dello street food greco senza iniziare dall'iconico duo composto da gyros e souvlaki. Questi non sono solo cibo; sono uno stile di vita. Il gyros è composto da succulento maiale o pollo, tagliato da uno spiedo che ruota lentamente e infilato nel pane pita caldo con pomodori freschi, cipolle e una generosa cucchiaiata di tzatziki, la salsa cremosa allo yogurt e all'aglio che potrebbe essere il più grande regalo culinario della Grecia. Souvlaki adotta un approccio simile, ma invece della carne rasata, troverai pezzi di maiale o pollo perfettamente grigliati infilzati e incastonati nella pita. Troverai venditori che vendono queste feste portatili in quasi tutte le strade trafficate delle città di Creta. Sono la soluzione perfetta ai morsi della fame, un modo veloce e delizioso per alimentare le tue avventure.

### Bougatsa

Per qualcosa di diverso, cerca un negozio di bougatsa. Bougatsa Iordanis a Chania è un'istituzione cretese, che serve questa pasta sfoglia da oltre cento anni. I delicati strati di pasta fillo di Bougatsa si frantumano in modo soddisfacente, rivelando un ripieno di formaggio dolce o salato simile a una crema pasticcera. Alcune versioni incorporano spezie aromatiche come la cannella, creando un trattamento caldo e confortante. Ideali da gustare caldi, sono l'accompagnamento perfetto per un forte caffè greco mentre guardi il mondo che passa.

**Torte Di Formaggio**
Se ami il formaggio, adorerai il kalitsounia. Queste piccole torte da tenere in mano sono ripiene di formaggi cretesi come il cremoso mizithra o il piccante anthotyros. Le versioni salate potrebbero essere aromatizzate con erbe selvatiche come la menta, mentre le varianti dolci spesso incorporano miele o un pizzico di cannella. I Kalitsounia vengono venduti nelle panetterie e nelle bancarelle e la loro natura portatile li rende lo spuntino perfetto durante l'esplorazione.

**Dako**

Creta è un'isola dove pochi ingredienti semplici e di alta qualità possono creare qualcosa di veramente magico. Dakos è un esempio perfetto. Questo classico piatto cretese inizia con una base di fette biscottate d'orzo, che viene poi condita con succosi pomodori grattugiati, cremoso formaggio mizithra, una manciata di olive e capperi e un generoso filo di olio d'oliva cretese. Il risultato è un tripudio di consistenze e sapori - la freschezza della fetta biscottata, il sapore piccante del formaggio, la dolcezza dei pomodori - il tutto riunito dal ricco ed erbaceo olio d'oliva. Dakos è rinfrescante, sano e tipicamente cretese.

**Loukoumades**

La Grecia ama i suoi dolci e Creta non fa eccezione. I Loukoumades sono la risposta greca alle ciambelle: piccole palline di pasta, fritte fino a doratura, poi condite con miele, cannella e talvolta semi di sesamo. Questi bocconcini paradisiaci si gustano caldi appena fritti, quando l'esterno è croccante e l'interno si scioglie in bocca. I venditori ambulanti e i caffè li vendono in tutta l'isola e sicuramente soddisferanno la tua golosità.

**Lumache**

Per i palati più avventurosi, Creta offre un'esperienza unica di street food: le lumache. Sì, avete letto bene! Le lumache sono una prelibatezza tradizionale dell'isola e le troverete preparate in vari modi. Spesso fritti con rosmarino e una spruzzata di aceto, o cotti lentamente in uno stufato a base di pomodoro, sono una testimonianza del modo in cui i cretesi utilizzano tutta la generosità offerta dalla loro isola.

**Dove trovare il miglior cibo da strada**

- Hellenic Street Food è specializzato in classici snack di strada greci, con un'enfasi su ingredienti freschi e sapori autentici.
- Murelo Cretan Cuisine ad Ammoudara, Heraklion, offre di tutto, dalla colazione alla cena, così puoi fermarti per un boccone veloce mentre sei in viaggio o soffermarti con un pasto cretese completo.

- Cartel Street Food Chania dà una svolta moderna al tradizionale cibo di strada greco, dimostrando che anche i classici possono evolversi e sorprendere.

Lo street food di Creta riflette la ricchezza agricola dell'isola, le sue tradizioni culinarie e il fatto che i greci sanno come godersi la vita. Questi snack sono pensati per essere gustati mentre si passeggia in un vivace mercato, ammirandone i panorami, i suoni e gli odori. Usano gli ingredienti più freschi, spesso con una sana dose di erbe selvatiche e, naturalmente, abbondante olio d'oliva dorato. Quindi, mentre vaghi per strade affascinanti o ti siedi a guardare le onde che si infrangono sulla riva, concediti il meglio dello street food cretese. Le vostre papille gustative vi ringrazieranno.

## Opzioni vegetariane e vegane
### Paradisi vegani
Creta sta riconoscendo sempre più la crescente domanda di cucina completamente vegana, con ristoranti dedicati a

questo modo di mangiare che stanno spuntando nelle città più grandi.

- Pulse Vegan – Questo ristorante con sede a Chania è un vero pioniere nella scena vegana cretese. Il loro impegno nell'utilizzare prodotti freschi e locali traspare nel loro menu diversificato. Pensa alle crostate di pomodoro preparate ad arte, al cremoso risotto vegano, agli hamburger soddisfacenti con tutti gli ingredienti e persino alle versioni vegane dei classici piatti greci.

- Veganato – Situato a Heraklion, Veganato è un'altra fantastica opzione per chi cerca un'esperienza culinaria al 100% a base vegetale. Con tutto, dai gyros e souvlaki vegani realizzati con Beyond Meat alle salse fatte in casa e alle patatine fritte fresche, dimostra che il fast food vegano può essere delizioso e soddisfacente.

- 269 Fast Vegan Food – Sempre a Heraklion, questo ristorante vegano si concentra su piatti veloci e deliziosi di ispirazione mediterranea. Gyros, panini, frullati e persino gelato vegano lo rendono il luogo perfetto per consumare un pasto gustoso in movimento.

**Adatto ai vegetariani, con ampie opzioni vegane**
Per coloro che amano la flessibilità della cucina vegetariana, Creta è ricca di ristoranti accoglienti felici di accogliere anche chi mangia piatti a base vegetale.

- To Stachi – Questo affascinante ristorante a conduzione familiare a Chania è una visita obbligata per i vegetariani. La loro attenzione è rivolta alla cucina tradizionale cretese realizzata con ingredienti freschi e biologici. Troverai specialità familiari come la moussaka vegetariana (fatta con carne di soia e besciamella cremosa al latte di mandorle), fiori di zucca ripieni e vivaci insalate preparate su ordinazione. Il fatto che molti piatti siano naturalmente vegani o facilmente adattabili significa che tutti i membri del tuo gruppo potranno sentirsi soddisfatti.

- Mad Irie – Anche se Mad Irie potrebbe non essere attualmente aperto, vale la pena notare la sua reputazione di paradiso vegetariano e vegano. Erano noti per la loro enfasi sugli ingredienti freschi e per un menu che abbracciava sapori globali: pensa agli hamburger vegani preparati con polpette succose e tutti gli altri ingredienti, insieme a frullati e succhi rinfrescanti.

**La generosità della cucina tradizionale cretese**

L'enfasi sulle preparazioni semplici e sulle verdure fresche fa sì che anche le taverne più tradizionali di Creta offrano deliziose opzioni vegetariane. Ecco alcuni piatti assolutamente da provare:

- Insalata greca (Horiatiki): fondamentalmente, questa insalata iconica è vegana: pomodori maturi, cetrioli croccanti, olive, capperi e una generosa fetta di feta (che può essere omessa per una versione vegana), il tutto condito con l'eccezionale oliva dell'isola olio.

- Horta: le verdure selvatiche commestibili di Creta sono una rivelazione. Spesso semplicemente bolliti e conditi con olio d'oliva e una spruzzata di limone, sono un modo sano e delizioso per sperimentare i sapori unici dell'isola.

- Spanakopita: pasta fillo sfoglia ripiena di spinaci, erbe aromatiche e formaggio feta piccante: anche i carnivori più appassionati trovano questa pasta salata irresistibile.

- Stufati di verdure Ladera: "Ladera" significa "cotto nell'olio d'oliva" e questi sostanziosi stufati mettono in mostra il meglio dei prodotti di stagione. Abbondano le versioni vegetariane, ripiene di tenere verdure in una ricca salsa a base di pomodoro.

- Dakos: questo tradizionale antipasto cretese è naturalmente vegano e incredibilmente soddisfacente. Le fette biscottate d'orzo sono piene di pomodori succosi, formaggio locale cremoso come il mizithra (chiedi di ometterlo per una versione vegana), olive e una generosa dose di olio d'oliva.
- Gemista: pomodori e peperoni ripieni sono una specialità cretese e sono comuni le versioni vegetariane ripiene di riso alle erbe.

# Informazioni pratiche

## Suggerimenti per la sicurezza e la salute

### Sicurezza generale

Creta è meritatamente conosciuta come uno dei luoghi più sicuri d'Europa. Il popolo cretese è rinomato per la sua ospitalità e i crimini gravi sono rari. Tuttavia, anche in paradiso, vale la pena essere intelligenti. Prendi le stesse precauzioni che prenderesti in qualsiasi luogo sconosciuto: chiudi sempre a chiave la tua auto a noleggio, tieni il passaporto e i documenti importanti in hotel al sicuro e fai attenzione a ciò che ti circonda, soprattutto nelle aree affollate.

Durante l'esplorazione delle bellissime spiagge di Creta, è importante rispettare la sensibilità locale. Mentre alcune spiagge sono adatte ai nudisti, altre no. Controlla sempre la segnaletica e, se non sei sicuro, pecca per eccesso di modestia.

**Navigazione per le strade di Creta**

Guidare a Creta offre libertà, ma comporta anche alcune sfide uniche. Prima di metterti al volante, assicurati che i tuoi documenti siano in ordine. È necessaria una patente di guida internazionale, oltre alla patente regolare. E non trascurare l'assicurazione: anche un guidatore esperto potrebbe trovare le strade di Creta più impegnative del solito. Il mix di autostrade moderne, tortuose strade di montagna e strette strade di villaggio richiede un'attenzione particolare. Procedi lentamente, sii particolarmente cauto nelle aree con scarsa visibilità e non aver paura di accostare per lasciar passare il traffico più veloce.

**Salute e benessere**

Nella maggior parte dei casi, Creta non presenta rischi significativi per la salute. Tuttavia, alcune semplici precauzioni ti faranno sentire al meglio durante il tuo viaggio. La più grande minaccia per la maggior parte dei visitatori è il potente sole del Mediterraneo. Crema solare, cappello e occhiali da sole sono essenziali: cercare l'ombra durante le ore più calde della giornata è semplicemente intelligente. Anche rimanere idratati è vitale. Porta sempre con te una bottiglia d'acqua riutilizzabile e riempila spesso, soprattutto se stai pianificando attività all'aperto.

**Rispettare la cultura cretese**
Un po' di sensibilità culturale renderà la tua vacanza cretese ancora più memorabile. Sebbene la Grecia, in generale, sia piuttosto rilassata, è sempre rispettoso vestirsi con modestia quando si visitano chiese o monasteri. E imparare alcune frasi greche - anche solo "ciao" (Yassas), "per favore" (Parakalo) e "grazie" (Efharisto) - sarà accolto con sorrisi e ti farà sentire più connesso al luogo.

**Escursionismo e vita all'aria aperta: avventura con cautela**
Creta è il paradiso degli escursionisti, con sentieri che vanno dalle piacevoli passeggiate costiere alle impegnative escursioni in montagna. La Gola di Samaria è una delle escursioni più famose d'Europa, ma la sua popolarità significa anche che può essere affollata. Inizia presto per evitare il caldo di mezzogiorno, indossa scarpe

robuste e porta molta acqua. È anche molto importante restare sui sentieri segnalati: non si tratta solo di rispettare l'ambiente, ma anche di sicurezza. Perdersi nei luoghi selvaggi di Creta può essere pericoloso.

## Navigazione tra leggi e costumi locali

**Leggi da conoscere**

- Identificazione: porta sempre con te una qualche forma di identificazione. Anche se normalmente è sufficiente una fotocopia del passaporto, è consigliabile verificare le normative vigenti, poiché queste cose possono cambiare.

- Fotografia: anche se Creta è un'isola incredibilmente fotogenica, ci sono alcune cose che non puoi fotografare. Le installazioni e il personale militare sono vietati ed è sempre educato chiedere il permesso alle persone prima di scattare una foto, soprattutto nei villaggi rurali.

- Fumo: la Grecia ha leggi severe che vietano il fumo negli spazi pubblici chiusi. Ciò significa non fumare nei ristoranti, nei bar o sui trasporti pubblici. Queste leggi vengono applicate rigorosamente, quindi fai attenzione, poiché le multe possono essere significative.

- Ore tranquille: come molti paesi dell'Europa meridionale, la Grecia osserva un periodo di siesta, generalmente tra le 15:00 e le 18:00. Questo è un momento di riposo, quindi cerca di mantenere i livelli di rumore al minimo.

**Costumi ed etichetta**

Sebbene non siano leggi, queste norme culturali ti aiuteranno a interagire senza problemi con i cretesi e a rendere il tuo viaggio più piacevole.

- Codice di abbigliamento: la Grecia è un paese cristiano prevalentemente ortodosso e il rispetto per questa tradizione è apprezzato. Quando visiti chiese, monasteri o altri siti religiosi, vestiti con modestia. Per le donne, questo significa coprire ginocchia e spalle. Gli uomini dovrebbero indossare almeno pantaloni lunghi.
- Religione: la Chiesa ortodossa svolge un ruolo significativo nella vita cretese. Fai attenzione ai periodi di digiuno religioso come la Quaresima, quando molti cretesi evitano la carne, soprattutto il mercoledì e il venerdì. Durante questi periodi, potresti trovare una maggiore

selezione di piatti vegetariani e vegani nei ristoranti per soddisfare le usanze locali.

- Il denaro conta: sebbene la maggior parte dei posti accetti le principali carte di credito, è consigliabile avere un po' di contanti a portata di mano per piccoli acquisti, taxi e visite a città meno turistiche. Ricorda, i taxi in Grecia accettano solo contanti come forma di pagamento.
- Contrattazione: in alcuni contesti, come i mercati, ci si aspetta un po' di contrattazione amichevole. Tuttavia, non cercare di contrattare nei negozi con prezzi fissi: semplicemente non fa parte della cultura.

## Contatti di emergenza

### Emergenze generali

- 112 – Questo è l'equivalente dei 911 in tutta l'Unione Europea. Comporre questo numero per qualsiasi situazione urgente che richieda l'intervento della polizia, dei vigili del fuoco o del medico. Gli operatori possono parlare inglese, ma non contare su di esso. Conoscere alcune parole greche chiave come "aiuto" (βοήθεια) e "emergenza" (έκτακτη ανάγκη) potrebbe rivelarsi prezioso.

- 100 – Questo numero ti collegherà direttamente con la polizia.
- 199 – Questo è il numero dei vigili del fuoco.
- 166 – Comporre questo numero per raggiungere i servizi di ambulanza. Tieni presente che nelle aree più remote i tempi di risposta potrebbero non essere così rapidi come quelli a cui sei abituato.

**Ospedali e assistenza medica**
È una buona idea cercare l'ubicazione dell'ospedale più vicino a dove soggiornerai a Creta. Le principali città dispongono di ospedali moderni e ben attrezzati. Ecco alcune delle strutture più grandi:

- Ospedale Generale San Giorgio a Chania.
- Ospedale Venizeleio di Heraklion.

**Assistenza consolare**
Se perdi il passaporto, incontri difficoltà legali o hai bisogno di qualsiasi altro tipo di assistenza che solo il tuo

paese d'origine può fornire, contatta la tua ambasciata o consolato in Grecia. È una buona idea avere queste informazioni prontamente disponibili prima ancora di uscire di casa.

**Farmacie**
Le farmacie a Creta sono generalmente ben fornite e di solito troverai farmacisti che parlano inglese, soprattutto nelle zone turistiche. Cerca il segno della croce verde che universalmente indica una farmacia.

**Problemi sulla strada**
Se stai noleggiando un'auto e riscontri problemi con la macchina, la migliore risorsa è spesso l'agenzia di noleggio stessa. Avranno i propri meccanici preferiti o servizi di rimorchio. Per un'assistenza stradale più generale, l'ELPA (Associazione automobilistica greca) è un buon contatto da avere a portata di mano.

**Emergenze in Mare o in Montagna**

- Autorità portuali: Creta è un'isola e molti visitatori amano trascorrere il tempo in acqua. Se hai un'emergenza in mare, la cosa migliore da fare è contattare l'autorità portuale più vicina. Ogni grande città costiera avrà il suo.

- Soccorso alpino: se rimani ferito o ti perdi durante un'escursione a Creta, la prima chiamata dovrebbe essere al 112, il numero di emergenza generale. Ti metteranno poi in contatto con i servizi di soccorso alpino competenti.

**Prendersi cura degli animali**

Se il tuo amico a quattro zampe ha bisogno di cure mediche, o trovi un animale ferito mentre sei a Creta, ci sono cliniche veterinarie in tutta l'isola. Chiedi al tuo hotel o a un locale per la clinica veterinaria più vicina alla tua posizione.

**Disastri naturali**

- Terremoti: Sebbene i grandi terremoti siano rari a Creta, possono verificarsi. In caso di terremoto, seguire le istruzioni del personale dell'hotel o del personale di emergenza locale.

- Incendi boschivi: durante i mesi estivi caldi e secchi, Creta, come gran parte dell'Europa meridionale, è esposta a un rischio maggiore di incendi boschivi. Se vedi un incendio segnalalo immediatamente ai vigili del fuoco componendo il 199.

**ORGANIZZA QUI IL TUO VIAGGIO A CRETA**

**ORGANIZZA QUI IL TUO VIAGGIO A CRETA**

Printed by Amazon Italia Logistica S.r.l.
Torrazza Piemonte (TO), Italy

60639416R00118